岗课赛证·校企融合·新形态一体化教材

幼儿园环境创设
（第2版）

主　编　徐诗学　李　云　徐　莉

副主编　罗钧耀　刘小波　唐　炯

参　编　石　磊　陈珺瑶　徐　晶

北京理工大学出版社
BEIJING INSTITUTE OF TECHNOLOGY PRESS

版权专有　侵权必究

图书在版编目（CIP）数据

幼儿园环境创设 / 徐诗学 , 李云 , 徐莉主编 . -- 2
版 . -- 北京 : 北京理工大学出版社 , 2021.11（2025.2 重印）
　ISBN 978-7-5763-0555-5

　Ⅰ . ①幼… Ⅱ . ①徐… ②李… ③徐… Ⅲ . ①幼儿园
—环境设计 Ⅳ . ① G617

　中国版本图书馆 CIP 数据核字 (2021) 第 267033 号

责任编辑：张荣君　　　**文案编辑**：封　雪
责任校对：刘亚男　　　**责任印制**：边心超

出版发行 / 北京理工大学出版社有限责任公司
社　　址 / 北京市丰台区四合庄路 6 号
邮　　编 / 100070
电　　话 /（010）68914026（教材售后服务热线）
　　　　　　（010）63726648（课件资源服务热线）
网　　址 / http://www.bitpress.com.cn

版 印 次 / 2025 年 2 月第 2 版第 2 次印刷
印　　刷 / 定州启航印刷有限公司
开　　本 / 889 mm × 1194 mm　1/16
印　　张 / 9.5
字　　数 / 207 千字
定　　价 / 35.80 元

图书出现印装质量问题，请拨打售后服务热线，负责调换

PERFACE
前　言

　　《幼儿园教育指导纲要（试行）》中明确提出："幼儿园应为幼儿提供健康、丰富的生活和活动环境，满足他们多方面发展的需要，使他们在快乐的童年生活中获得有益于身心发展的经验。环境是重要的教育资源，应通过环境的创设和利用，有效地促进幼儿的发展。"心理学研究也表明，环境对人会产生潜移默化的暗示作用，这种作用十分明显，在幼儿身上表现得更为突出。因此，幼儿园的环境创设十分重要，其在很大程度上体现了幼儿园的办园理念、园长的管理水平，以及教师的专业程度。

　　本书深入贯彻党的二十大精神，以弘扬社会主义核心价值观为导向，以"办好人民满意的教育"为宗旨，落实立德树人的根本任务，坚持"人才是第一资源、创新是第一动力"的理念，着力培养具有专业精神、人文精神和综合职业素养的能担当民族复兴大任的应用型人才。本书从环境创设教学的实际出发，在课程设置上强调幼儿园环境创设的基础知识与技能的学习和掌握。本书与以往教材的区别是：在结构上分别介绍幼儿园各种环境的特点、性质和创设方法，做到指导思想明确、理论联系实际，密切结合幼儿园各种活动的实际需要，突出学、研、用相结合的特点与学前教育专业的特色。同时，本书还强调师生的互动。本书运用大量幼儿园环境创设的实例图片和文字说明，形象、具体地介绍了环境布置的方法，做到了图文并茂。

　　本书的主要内容包括：认识幼儿园环境创设、设计与制作幼儿园墙饰、创设幼儿园各学习领域的环境、创设幼儿园室内活动区环境、创设幼儿园主题活动的环境、创设幼儿园户外空间环境。本书可供学前教育专业学生使用，也可作为幼儿园教师参加继续教育和进修时的参考用书。

　　由于编者水平有限，书中难免存在不妥之处，敬请广大读者批评指正。

编　者

CONTENTS
目 录

单元一

认识幼儿园环境创设

学习目标

1.知识目标

了解幼儿园环境创设的概念、原则及方法。

2.能力目标

能运用环境创设的原则与方法解决幼儿园环境创设中存在的问题，提高环境教育水平。

3.素质目标

认同幼儿园环境的教育价值，树立正确的环境创设理念；懂得在环境创设中尊重幼儿，树立正确的教育观。

任务一　理解幼儿园环境创设的原则

⬇ 情境导入

花花幼儿园下周要开展班级环境创设比赛，老师们都开始大展身手，如有的老师精心设计了墙面装饰，将教室布置得宛如童话中的仙女屋；有的老师将孩子的剪纸、绘画作品作为墙面装饰；有的老师则把最近的活动内容贴在了墙面上。图1-1-1为幼儿园某大班活动室环境。刚入职的李老师犯了难，她也想把孩子们的作品贴在主题墙上，可又觉得小班幼儿的作品不够精美，影响主题墙的美观。如果你是李老师，你该怎么办？

图1-1-1　幼儿园某大班活动室环境

📖 知识准备

美国心理学家怀特说过："在促进幼儿早期教育方面，最有效的做法是创设良好的环境。"可见，环境对幼儿的身心发展具有重要的作用。在创设幼儿园环境时，教师应遵循以下基本原则。

一、安全性原则

安全性原则是幼儿园环境创设中第一位也是最基本的原则。幼儿安全包括幼儿身体安全和幼儿心理安全。幼儿身体安全，即应注意消除环境中明显或潜在的会对幼儿身体产生伤害的因素；幼儿心理安全，即要让幼儿感到自己处于充满关爱的、快乐的环境之中。

幼儿园应该有让幼儿感到安全、能融入其中的环境，环境中的一切不会对幼儿造成身体或心理伤害。在这个环境中，幼儿可以快乐地生活和学习。

可以在幼儿园内安排一些作品展，如图1-1-2所示。

图1-1-2　幼儿园内的作品展

二、全面性原则

全面性原则是指教师要从整体上对幼儿园环境进行设计和安排。幼儿园应为幼儿创设最基本的环境以满足幼儿活动的基本需要，如创设生活活动环境（盥洗、进餐等）、游戏活动环境（室外、室内各类游戏）以及教学活动环境（集体教学、区域活动）等；还应提供各种活动的必要设施和条件，使幼儿在幼儿园一天的活动得以有序进行。

需要注意的是，幼儿园应结合幼儿身心特点的共性与个性，既要面向全体幼儿又要照顾幼儿的个体差异，如小班幼儿动手能力较差，可以在他们生活的空间里布置一些美观的小型艺术品；大班、中班幼儿动手、动脑能力较强，可以在他们活动的空间里多布置一些半成品。如果幼儿对这些半成品表现出浓厚的兴趣并试图将其完善，说明他们开始发挥创造力和想象力了。

三、丰富适宜原则

幼儿通过看到的一切来认识世界。幼儿园环境创设应丰富多彩，为全体幼儿提供足够的、合理的、可以获取丰富信息的、适宜身心发展水平，且具有教育价值的环境条件，这样才能满足幼儿探究世界的心理需求。

四、教育性原则

幼儿园环境要为幼儿教育服务，环境创设应有明确的教育目的。幼儿园环境的创设不单要考虑幼儿和家长的喜好，更应在国家教育方针和幼儿园办园宗旨的指引下，有目的、有计划地

针对幼儿身心发展的特点来进行环境创设。环境中的所有设施和材料都应有合理的设计和配置，并具有教育意义，以达到使幼儿健康发展的目的。

五、主体参与原则

幼儿是学习的主体，他们是幼儿园的主人翁。幼儿园环境创设是教师和幼儿共同参与的过程。若要发挥环境创设对幼儿身心发展的促进作用，只有充分调动幼儿的主观能动性，使其积极地动手操作，从而获得真实感受。

图1-1-3为幼儿参与更换班级主题墙。

实践证明，参与环境创设对幼儿有巨大的吸引力，在环境创设过程中，他们可以全身心投入，并体会成功的喜悦；同时，还能逐步具备责任感、自信心等。

图 1-1-3　幼儿参与更换班级主题墙

六、经济效用原则

经济效用原则是进行幼儿园环境创设时一定要考虑的，即应考虑不同地区、不同条件园所的实际情况，做到因地制宜、合理安排，不互相攀比。幼儿园环境创设是人力、物力、财力、精力等在幼儿教育上的投资，要力求以最小的投入发挥最佳的效果，实现教育功能最大化。图1-1-4为一些可用来进行环境创设的废旧材料。

变废为宝，搞定幼儿园
环境创设

图1-1-4　一些可用来进行环境创设的废旧材料

探究活动

　　除了需要按照以上原则进行，请同学们讨论，在幼儿园环境创设中还应该注意哪些问题。

🔧 创设实施

　　幼儿的发展离不开环境创设。在幼儿园环境创设中，应如何贯彻相应的原则呢？具体方法如下。

一、贯彻安全性原则

1.创设规范的物质环境

　　幼儿园物质环境主要是指幼儿园内影响幼儿身心发展的物化形态的各种条件，包括园舍建筑、设施设备、活动场地、活动器材、教具玩具、图书及音像资料、空间布局与装饰、绿化与美化等。

　　图1-1-5是某幼儿园的滑梯，下面铺了漂亮的软垫。在幼儿在做游戏时，软垫可以降低他们摔倒后受伤的风险。

图1-1-5 某幼儿园的滑梯

幼儿园中通常会有很多大型器械，为了让类似的运动器械对幼儿来说更加安全，应该做到以下几点。

（1）严格按照国家相关规定建设幼儿园。幼儿园的选址、园舍建筑、活动场地面积、相应的设施设备等，都应按照《幼儿园教育指导纲要（试行）》进行规范布局与合理配置。

（2）加强幼儿园安全管理，明确幼儿园安全责任。全体教职员工要时刻把安全工作放在首位。平时应结合各项活动，教育幼儿不要接近危险的物品，如插座、电线等，以免发生意外事故，导致幼儿的身心受到伤害。

（3）定期排查并及时消除幼儿园安全隐患。对于幼儿园园舍、场地及其设施设备要进行定期检修，排除安全隐患。

另外，过尖的铅笔、位置过低的电源、过硬的地面、过窄的楼梯……都可能成为安全隐患，千万不能粗心大意，否则后果不堪设想。

2.创设良好的幼儿园精神环境

幼儿园精神环境主要指由人际关系、文化观念等无形因素交织在一起而形成的心理氛围。如果幼儿能够获得较多的关爱，感受到较多的美好、友爱、温暖、鼓励，就更容易形成积极的个性特征，从而获得良好的交往能力，形成良好的个性心理品质。因此，创设良好的幼儿园精神环境的重要性是毋庸置疑的。

为了创设良好的幼儿园精神环境，应做到以下几点。

（1）坚持正确的教育观念和行为。要为幼儿营造适合其发展的精神环境，教师应坚持正确的儿童观、教育观、课程观等，注意保持稳定的心理状态和积极的情感态度，并不断提升自己的专业水平。

（2）多尊重、多关注、多接纳、多支持。

①多尊重，即教师应尊重幼儿，包括幼儿的生理特点、心理特点和个性特点。例如，为了

展示教学成果，教师会在教室或走廊展示幼儿的作品，但由于作品的水平参差不齐，有些教师在展示作品时，只挑其认为好的、优秀的作品，认为不好的就不展示。其实，教师应尊重幼儿的作品，应尽量全都展示出来。在评价时，教师应总结每个幼儿作品的亮点，让他们都能有成就感。

②多关注，即教师应注意到每一个幼儿在幼儿园一天活动中各个环节的表现、发展的过程和结果，并提供必要的和及时的帮助，用适当的眼神、微笑、拥抱、问候、交谈等方式来表达教师对幼儿的关心和爱护。

③多接纳，即教师应以公平公正的态度、宽容博爱的情怀来真诚对待每一个幼儿。应正视幼儿的个体差异及行为表现，即使幼儿淘气、捣蛋，有错误的表现，教师也应该用正面教育的方式解决问题、矫正错误。教师对幼儿应多一些肯定、信任、赏识，少一些否定、质疑和讥讽。

④多支持，即教师应多支持并满足幼儿的合理需求。在教学及开展活动的过程中，除提供各种材料以支持幼儿的活动需要外，教师更应对幼儿在进行活动的过程中表现出来的天性（如好奇、好玩、好动、探索、愿望、幻想、创造等）进行积极的回应并提供帮助。图1-1-6为幼儿在制作和展示作品。

图 1-1-6　幼儿在制作和展示作品

二、贯彻全面性原则

1.环境创设应该统筹规划和合理布局，先规划后建设，建成后巧布置

环境创设的整个过程涉及园所选址、设计、施工、购置设施设备、装修、美化优化环境等，需要统筹规划、合理布局，应先规划后建设。幼儿园环境创设分为两种情况：一种是建造新园或改建老园，这时应保证新建、改建后的幼儿园环境符合国家规定；另一种是对已建成的园所进行布置，在这种情况下，对各个场地的布置则应该根据预设的阶段性教育目标和当地的

条件等，灵活、巧妙地进行环境创设。

2.环境创设要着眼于促进幼儿的全面和谐发展

幼儿园环境创设应着眼于促进幼儿的全面和谐发展。多样化的环境既有利于幼儿各种经验的积累，也有利于幼儿各种能力的锻炼。教师对环境创设的构思应是整体的、全面的、有目的的、有计划的，还应根据环境空间条件、教育动态变化等因素对环境进行及时调整。

3.环境创设要重视保育环境与教育环境的有机结合

保育和教育是幼儿园的重点工作，保教结合是幼儿园教育的基本原则，在幼儿园环境创设中也是如此。

三、贯彻丰富适宜原则

1.环境类型丰富适宜

室外环境应设计适合幼儿活动的平整的硬化场地、软质场地（如草地、塑胶地等）、绿化区、玩具区、沙池或种植区等，安排各种游戏活动设施（如滑梯、秋千、跷跷板、攀爬架、平衡木等），以便幼儿进行体能锻炼和游戏活动；室内环境的设计应尽可能合理规划，配合各个教育主题的开展，布置各式各样的活动区，如图书区、美工区、益智区、角色扮演区等，以便幼儿在区域活动中自主探索学习。图1-1-7为某幼儿园户外活动场地。

图1-1-7　某幼儿园户外活动场地

2.环境材料丰富适宜

（1）活动材料数量应充足，投放适宜。在材料有限的情况下，可考虑将幼儿分成小组玩游戏。对于小班、中班和大班的活动材料应有所区分，可以按照幼儿的年龄、接受程度进行投放。

（2）材料种类应丰富。塑料瓶、纸袋、纸筒、废布头……这些在生活中常见的旧物，经过构思和设计，都可以变成精美的手工艺品，使幼儿在操作材料的过程中体验乐趣。图1-1-8为某幼儿园手工制品展览区。

图 1-1-8　某幼儿园手工制品展览区

四、贯彻教育性原则

幼儿园环境的创设要用教育的、发展的眼光来加以实践和研究。幼儿园环境中的每一处角落、每个因素都应蕴含着教育价值。我们不仅要注重整体环境的美感，更应充分挖掘环境中的教育资源，将各种条件合理组合并加以优化，把教育意图渗透在环境中，让幼儿园环境发挥相应的教育作用。

例如，图1-1-9是利用光盘创设的科学体验区，这种设计有助于幼儿理解物体的坡度及其表面粗糙程度对运动的影响。

图 1-1-9　利用光盘创设的科学体验区

五、贯彻主体参与原则

1.树立正确的幼儿观、教育观和环境观

我们应树立正确的幼儿观、教育观和环境观，并且要牢记幼儿是环境的主人，幼儿对环境创设具有发言权和自主权，幼儿能够通过参与环境创设而获得多方面发展。教师可以引导，但是不要完全按照自己的喜好进行环境创设。

2.激发幼儿参与环境创设的兴趣

幼儿参与活动的原动力是兴趣。教师应指导幼儿把自身的经验运用于环境创设中，使其在活动中获得肯定，因为幼儿获得的成功体验越多，对环境创设和兴趣就越强。

3.为幼儿提供参与环境创设的机会

教师应多为幼儿提供参与环境创设的机会，适当让他们做主。不同年龄阶段的幼儿参与环境创设活动的程度可以不同，但他们均应得到参与环境创设的机会。图1-1-10为幼儿参与班级主题墙制作。

图 1-1-10　幼儿参与班级主题墙制作

4.正确评价幼儿参与环境创设的行为和结果

对于幼儿和教师来说，最后的评价是至关重要的。教师应扮演"合作者"和"欣赏者"等角色。教师要关注幼儿在环境创设中的探究和操作过程、幼儿的需求和发展水平等，并以此来引导幼儿的发展向更高层次递进。如果教师敷衍了事，幼儿便会渐渐对环境创设失去兴趣。

六、贯彻经济效用原则

1.因地制宜，充分利用三维空间

任何环境创设都离不开实际环境条件。由于每所幼儿园的周边环境、建筑格局、总体设计等不尽相同，环境创设的方式就不能千篇一律。幼儿园室内外的地面、天花板和墙面都是环境创设的重点。

（1）地面布置，可在室内外的地面涂画各种线、形、色、数字、字母、迷宫等。不过，大多数幼儿园在设计室内的地面仍选择清一色的地板、瓷砖，以免地面过于花哨，从而分散幼儿的注意力。

（2）天花板布置，可在室内天花板吊挂各种兼具教育性和装饰性的物品，如灯笼等。图1-1-11为利用纱布及幼儿作品进行天花板布置。

（3）墙面布置，可在室内外创设不同内容板块的主题墙（如幼儿作品展、家园联系栏、天气记录板等），欣赏经过布置的墙面也是家长了解幼儿在幼儿园情况的较为直观的方式。图1-1-12为幼儿园墙面布置。

图 1-1-11　利用纱布及幼儿作品进行天花板布置

图 1-1-12　幼儿园墙面布置

2.合理布局，发挥环境的综合功能

幼儿园环境创设要重视各类环境的相容性，即在规划环境时要考虑各类环境的特性，尽量使布局合理。例如，种植角应该离水源近，以方便取水。

3.拓展思路，提高环境的使用效率

幼儿园在环境创设的同时，也要考虑其安排及使用，应把环境的使用与幼儿活动环节紧密联系起来。

课后练习

1.请你说一说创设幼儿园环境需要遵循哪些原则。

2.请你结合幼儿园环境创设的原则，对图1-1-13所示的主题墙进行评价。

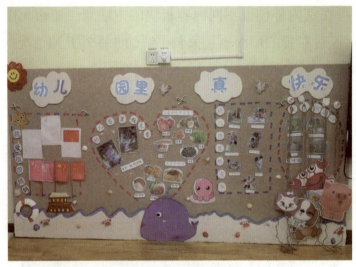

图1-1-13　主题墙

任务二　掌握幼儿园环境创设的方法

📥 情境导入

在花花幼儿园的某次教研活动中，很多教师对环境创设的方法展开了讨论：有的教师认为环境创设就是要采用"拿来主义"，要大力借鉴优势园的先进经验；有的教师认为环境创设就是要选用大量色彩鲜艳的装饰，按照孩子的个性任意设计；有的教师则认为要突出环境创设的教育功能，让家长能够通过环境看到孩子们的生活表现等。大家各有各的依据、各有各的道理，最后，教研活动也没有得出统一的结论。

你赞同以上哪种说法？为什么？

📖 知识准备

幼儿对于环境的依赖，就像植物生长依赖土壤、阳光和水分一样。对于幼儿来说，幼儿园应像花园和乐园。可是，如何让幼儿园环境创设实现理想的目标？幼儿园环境创设的方法有哪些？

一、合理规划活动场地

在进行环境创设时，教师首先要做的就是合理规划活动区域，这样才能够根据幼儿的年龄以及性格特点，使幼儿发挥学习特长与个性，进而营造良好的学习氛围。例如，教师可以通过不同色调、不同功能、不同空间进行环境分区。

二、合理放置活动材料

很多幼儿园都存在活动材料投放过多和材料利用率较低的问题，面对这些问题，教师应该优化材料放置和管理工作，能够根据幼儿的兴趣及时对材料进行调整，创设更加符合幼儿兴趣的活动环境，这样才能够充分发挥幼儿的想象力与创造力，提升幼儿的综合能力。

幼儿园不同活动区域中
的常见投放材料

三、合理利用幼儿作品

幼儿作品的展示可以提升幼儿对自己作品的喜悦感与满足感。由于幼儿的作品有其独有的童真与趣味，教师需要通过对幼儿作品的解读及分析，选择合适的展示方法来突出它们的美，

如可以通过规划布局、融合环境等方式来利用幼儿作品装饰环境。

创设实施

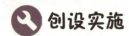

一、幼儿园环境创设的安全与实用

图1-2-1～图1-2-3展示的是某幼儿园特色区域"咱厝小田园"，这是具有"生态课程"特色的幼儿园环境创设。

1.设计目的

设计目的是将环境与自然有机结合，让幼儿了解绿色生态、环保等知识，树立保护环境的意识。

2.环境创设方法

（1）利用房屋特有的优势，在四周布置绿色植物，如爬山虎，或者种植易活的花草。

（2）利用顶棚搭建架子，将水管挂在架子上。

（3）进行有特色的环境布置。教师和幼儿们用编织的手工艺品作为环境装饰。

3.注意事项

（1）在阳光、微风中，幼儿们可以玩游戏，感受田园之美，并且唤起爱护环境的意识。

（2）房屋与外界没有安全设施，因此在设计过程中，教师一定要在四周设置防护网等隔离设施，以免发生意外。

图 1-2-1　水管的设计　　　图 1-2-2　工具角　　　图 1-2-3　整体环境

二、幼儿园环境创设的统一与美观

1.标识的统一与美观

用幼儿园园标设计制作幼儿园室内班级、各功能室和户外的统一指示标识，这样不但可以美化校园环境，还可以产生强烈的视觉冲击效果，使标识更加醒目且具有指向性。

下面以某幼儿园的"五色花"主题环境创设为例。

图1-2-4为统一的室内班级和各功能室标识。图1-2-5为统一的幼儿园户外标识。

图 1-2-4 统一的室内班级和各功能室标识

（a）　　　　　　（b）　　　　　　（c）　　　　　　（d）

图 1-2-5 统一的幼儿园户外标识

2.统一使用原木材料

统一使用原木材料能形成幼儿园的田园风格。例如，某幼儿园地处"花艺之乡"，园内设

施采用原木材料，与当地的地域特色相得益彰。

　　图1-2-6～图1-2-11为幼儿园统一使用原木进行的环境创设，包括户外活动温馨提示栏，户外器材储存空间，原木包边的戏沙池，原木风格的小菜地展示栏，原木风格的宣传栏与指示牌，原木风格的户外运动区。

图 1-2-6　户外活动温馨提示栏

图 1-2-7　户外器材存储空间

（a）

（b）

图 1-2-8　原木包边的戏沙池

图 1-2-9　原木风格的小菜地展示栏

图 1-2-10　原木风格的宣传栏与指示牌

（a）

（b）

图 1-2-11　原木风格的户外运动区

3.立体种植

立体种植可以突出花艺之乡的特色，美化校园环境，如图1-2-12所示。

（a）

（b）　　　　　　　　　　　（c）

图 1-2-12　立体种植

三、幼儿园环境创设的文化与传承

幼儿园特色文化是学校经过长期发展积淀形成的宝贵财富，包括历史文化、地方文化和校园生活文化，是校园人文环境形成的基础，它的传承与发展促进了校园精神的塑造与人文教育的开展。

传统文化本身具有地域性特点，地域文化是组成传统文化的基本元素。中国地大物博，不同地区风俗人情各不相同，必然有其相对固定的不同于其他地区的文化形态和精神内核。地域优秀传统文化在教育培养人的过程中有着得天独厚的条件和优势，对构建特色文化起着重要的作用。因此，进行幼儿园环境创设时要充分提取地域文化中所蕴含的地域特色的内容。

例如，某幼儿园因充分挖掘本区的"寿山石"地域特色文化进行园区建设，结果好评如潮，在我国幼教界引起了轰动，成为成功提取地域特色文化建设校园的典范。该区是著名的中国民间文化艺术之乡，著名的国石之一"寿山石"就产自该区，它是中国传统的"四大印石"之一，而"印章艺术"是中国所独有的，是书法与绘画艺术形式的结合体，蕴含着浓厚的中国传统文化韵味与独特的美感，有很高的鉴赏价值。

坐落于中国印的发祥地之一、中国第一印石"寿山石"的产地，该幼儿园以文化为切入点，努力传承民族传统文化。在具体实践中，其利用技巧性和艺术性完美融合的中华篆刻艺术，在幼儿教育中进行系统的启蒙教育，培养幼儿审美能力和对民族文化的理解能力。除了系统教学等显性教育活动，该园还注重发挥隐性教育因素对幼儿潜移默化的影响和作用，主要表

现在以下三个方面：①对校园大门进行了设计和改造，完美地用孩子们篆刻的中国印作品改造幼儿园大门，如图1-2-13所示，使大门具有浓郁的中国印特色，不管是置身其中还是从其旁边经过，都能感受到该幼儿园的办学特色；②在走廊、教室、办公室等不同的环境中展示"中国印"相关元素，如图1-2-14所示，让幼儿与传统经典工艺对话；③各个班级环境中均展示不同文字的刻印图，潜移默化地引导幼儿进行自主学习，如图1-2-15所示。这样全方位创设的幼儿园地域特色环境，为幼儿的终身发展奠定了良好的素质基础，让幼儿在浓浓的传统文化氛围中体会身边的艺术，体会博大精深的中华民族文化，感受中国经典艺术的魅力。

图 1-2-13　幼儿园大门

图 1-2-14　幼儿园中的"中国印"元素　　　图 1-2-15　活动室里的"中国印"元素

✎ 课后练习

1. 谈一谈幼儿园环境创设的方法。

2. 请结合幼儿园见习活动，谈一谈该幼儿园是如何实现环境创设的统一与美观的。

任务三　发现幼儿园环境创设中存在的问题

📥 情境导入

　　小朋友们从家里带来了小金鱼、小乌龟，以及各种植物来装饰幼儿园的自然角。但是教师害怕孩子们在观察的过程中伤害了动物，破坏了植物，因此将花盆和鱼缸摆在了自然角中高一米左右的柜子上，如图1-3-1所示。刚开始，孩子们会因为兴趣踮起脚想看看自己带来的小草、小金鱼，但由于距离较远，没法仔细观察。后来，孩子们渐渐对这些动物和植物失去了兴趣……

　　这位教师在环境创设的过程中出现了什么问题？

图 1-3-1　某幼儿园的自然角

📖 知识准备

　　环境创设是教师和幼儿共同发现美、表现美、创造美的过程，因此，教师必须观察幼儿的每一次探索的兴趣所在，才能做好幼儿园环境创设。目前，我国幼儿园环境创设虽然取得了一定的成绩，但是也存在一些问题。

一、重美化轻教育

　　很多幼儿园过于注重外在环境，而忽视了教育的作用，主要表现为一些幼儿园的环境创设指导思想不是从教育幼儿的角度出发，仅停留在幼儿园环境的整洁、有序、美观上。还有，只

追求外在形式，为了装饰而装饰，忽略了环境在教育教学中的作用。如果只重视环境美化，难免给人留下华而不实的印象。

例如，某幼儿园添置了海洋球池，刚开始的时候，大家都抢着玩。小朋友们藏在球的"海洋"里，尽情玩耍，笑声不断。可是渐渐地，大家开始"冷落"它。许多小朋友觉得海洋球池固然很漂亮，但是里面只有球，没有其他玩具，时间长了就觉得没有什么意思了。

二、内容的片面化

内容的片面化主要表现为内容简单、零散，缺乏整体布局意识。环境创设并不只是几个区域的创设和活动室的墙面布置。幼儿园的室内环境布置就如同一棵大树，每次幼儿园要进行环境布置的结构主题就如同大树的主干。在一般情况下，负责环境布置的教师会根据布置下来的任务去寻找有关该主题的材料，这些材料就构成大树的主干和主干上的大分支和小分支。然而，当布置完成并呈现在人们眼前时，往往会发现整个室内环境布置只有大树的分支，忽略了主干部分。大树如果没有主干部分，便失去了本身的美感。

三、空间利用不够充分

幼儿园中的室内环境空间是有限的，但是如果利用得当，就能够创造出无限的可能。例如，教室空间虽然有限，但是在主题墙布置前如果能统一规划布局、合理设置，那么通过图片、作品，也能够将幼儿带入一个美丽的、别样的世界。

四、忽视幼儿的主体性

要明白"幼儿是学习的主体"。对于教师而言，了解幼儿的想法和感受是很重要的。只有幼儿参与到环境创设中，才能有利于其思维的发展和个性的培养。如果在环境创设过程中，为了环境布置的完美，教师仅仅"自编、自导、自演"，很少让幼儿参与，只让幼儿充当环境的观赏者，机械地接受安排，这样的环境布置过程不利于幼儿思维的发展及个性和创造力的培养。如果幼儿对环境创设缺乏兴趣、毫不关心，仿佛自己是"局外人"，教育必然是失败的，而环境创设的作用也会被大幅弱化，很难得到应有的效果。

五、缺乏变动性

有的幼儿园环境缺乏变动性，在很长一段时间内都不变。环境创设的内容更没有把环境和幼儿的生活、游戏活动、教育活动等结合起来。例如，主题墙的创设需要关注幼儿的兴趣发展和变化，并随着每个主题活动的展开和不断深入而逐渐丰富。

幼儿园环境创设采用固定模式是不可取的。例如，某幼儿园中班老师小张在走廊墙壁上展示优秀的幼儿书法作品、得分高的幼儿算术作业等，幼儿们对此很少关注。家长们来接孩子时，总是先看最好的，然后寻找自己孩子的作品。时间长了，发现展示的总是固定的几位小朋友的作品，家长们便不再关注了。

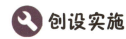

请结合幼儿园见习经历，和同伴讨论你所发现的幼儿园环境创设中存在的问题。

🔧 创设实施

一、注重环境内涵

幼儿园的环境不仅是装饰，更是一种教育方式和手段。环境布置不是简单地把图片、照片贴在墙上，而是要把墙面布置与幼儿现有的生活相衔接，让幼儿能够与环境对话，以此实现潜移默化教育的作用。

例如，父亲节快到了，孩子们准备自制给父亲的礼物。在老师的引导下，孩子们向全班同学介绍自己的爸爸，并都画出了自己心目中的爸爸，还用不同材料制作了有趣的小礼物等，于是就有了主题墙饰"老爸节日快乐"，如图1-3-2所示。

图1-3-2　主题墙饰"老爸节日快乐"

二、合理利用空间

教师应根据幼儿的活动范围特点，利用一切可利用的空间为幼儿创设环境，使幼儿能够随时随地融入其中。例如，走廊的一角是幼儿经常玩耍的地方，由于面积不大，不适合进行主题内容的布置，这时，教师便可利用这一位置布置一块便于清理的涂鸦墙，让幼儿们在上面自由创作，把自己的所思所想随时展示下来。

三、引导幼儿参与

　　教师可以和幼儿共同设计环境的主题、内容，并选择幼儿熟悉的材料进行环境创设，如从家里带一些废旧物品作为创设材料，在布置好环境之后，请幼儿来评价。只有全程参与环境的准备、制作、评价，幼儿才能感觉到自己是环境的主人，才会以最大的热情投入环境创设。

📄 课后作业

1. 谈一谈幼儿园环境创设中常见的问题。
2. 请与同伴讨论，对"情境创设"中的自然角的设计提出修改建议。

单元二

设计与制作幼儿园墙饰

学习目标

1.知识目标

了解幼儿园班标、班级主题墙、楼道墙面的设计方法。

2.能力目标

思考并尝试在尊重幼儿学习方式和特点的基础上创设符合幼儿兴趣和需求，且能够被他们理解的有效育人环境。

3.素质目标

在学习中与同伴积极合作，树立协作精神，增强责任感；通过材料制作和环境布置，提高审美能力和美育素养。

任务一　设计幼儿园班标

情境导入

　　某幼儿园小二班的小朋友马上要升入中二班了，他们的教室也从一楼换到了二楼。开学前，班主任王老师将中二班教室的位置告诉了家长们，还给小朋友们布置了任务，要求他们独立入园并找到教室。为了帮助小朋友们顺利找到教室，王老师还在教室门口挂上了班标，如图2-1-1所示。在开学当天，中二班的所有小朋友都顺利找到了教室。

　　同学们，你们了解班标的作用吗？作为幼儿园教师，应如何制作班标呢？

图 2-1-1　某幼儿园中二班班标

知识准备

　　标识是指为达到视觉效果的标示，能够帮助幼儿认识其周围的世界。例如，幼儿通过班标可以知道自己所在的班级。班标的色彩和内容可以丰富幼儿对世界的认识，使他们更快融入集体。

　　班标的特性主要有以下四点。

1.功用性

　　功用性是标识的本质。班标的作用是帮助幼儿找到他们的班级，让他们的脑海中有集体观念。对于还没有数字概念的幼儿来说，班标更有利于他们找到自己所在的班级，认识自己班的教师。

拓展延伸

除了班标，还有一些标识是需要特别设计的。它们的作用是让幼儿明白其位置和功用，如园长办公室。幼儿通过学习，知道园长办公室是园长工作的地方，不同于自己所在的班级。只有在遇到特殊情况时，才会到园长办公室。图 2-1-2 为园长办公室标识。图 2-1-3 为美工室标识。

图 2-1-2　园长办公室标识　　　图 2-1-3　美工室标识

2.识别性

标识要易于识别，显示事物自身特征，以便幼儿记忆。幼儿园的班标不仅要让幼儿印象深刻，还要标出班级所处的位置，传达各班级的名称和特点等信息。

3.显著性

标识的另一个重要特点是显著性。班标在设计时色彩要强烈醒目，图形要简练清晰、主次分明，能调动幼儿感官感受并给其留下深刻的印象。色彩明快、造型夸张的形象容易被幼儿接受和喜爱，因此，在设计时可以使用添加、排列、巧合、重复、夸张、变形、归纳等装饰方法。

4.艺术性

经过设计的标识应具有艺术性。班标的设计如果能够提炼出现实的美，就有助于陶冶幼儿性情、激发幼儿求知欲，以及树立其探索精神。另外，班标的设计应该既符合实用要求，又符合美学原则。精心设计过的精美的班标会给幼儿留下难忘的印象。

探究活动

请结合所学内容，与小组成员合作尝试设计一份贴近幼儿生活、符合幼儿审美的幼儿园班标。

🔧 创设实施

对于班标的设计制作，无论是工具、材料的选择，还是内容、构图和色彩，我们都可以灵活运用。班标的设计应贴近幼儿的生活，符合幼儿的审美。

一、工具、材料和技法

选择使用合适的工具、材料和技法有助于提升班标设计的效果。

1.工具

工具包括剪刀、美工刀、毛笔、彩笔等。

2.材料

材料包括颜料、彩色卡纸、硬纸板、泡沫板、吹塑纸等。

3.技法

常用的技法有剪贴、插接、浮雕、镂空等，其与各类工具和材料结合可以增强画面的效果。

二、内容

班标（图2-1-4和图2-1-5）的内容应选取能表现主题的内容、具有说服力的形象，从而创造出富有视觉冲击力的画面。

（1）设计班标所选的图案可以以幼儿喜爱的小动物、卡通形象为主，如小狗、小兔子、喜羊羊、灰太狼等，这些既贴近幼儿的生活，符合幼儿的心理特点。

（2）班标的字体要大小适中、简洁、醒目。

图2-1-4　班标1

图2-1-5　班标2

三、构图

班标的构图应注意以下四点。

（1）要突显主题图案，精简画面。

（2）布局要合理，文字应简洁明了。

（3）注意取舍，去掉与主题无关的细节。

（4）强化班标造型的特点。

如果选用的是可爱的造型，可以通过修饰变形，使造型更加灵动。图2-1-6为不同的卡通造型班标。

图2-1-6　不同的卡通造型班标

四、色彩

1.色彩的研究基础

红、黄、蓝为颜料三原色，如图2-1-7所示。十二色相环是色彩研究的基础，如图2-1-8所示。

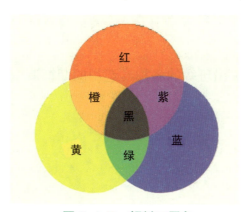

图2-1-7　颜料三原色

图2-1-8　十二色相环

2.色彩的三要素

色彩的三要素包括色相（色调）、明度和纯度。它们相互搭配，在不同的色彩规则下发挥作用，可以组成出五彩缤纷的世界。

（1）色相。色相是色彩中每一种颜色的具体表象特征。区别各种色彩的首要依据就是色相。

（2）明度。明度是指色彩的明暗程度，它是表现色彩层次感的基础。在彩色系中，黄色的明度最高，紫色的明度最低。

（3）纯度。纯度是指色彩的鲜艳度，它的变化可通过三原色互混产生，或由三原色加白、加黑、加灰产生。

3.班标设计的色彩要求

（1）色彩设计应搭配协调，多运用明亮的颜色，使画面轻快、活泼。

（2）文字颜色突出。

（3）要善于抓住和表现特殊的色调美感，加强画面的艺术感染力。

图2-1-9为某幼儿园大二班的班标，上面醒目的文字使幼儿非常容易辨识。它采用各种明亮的颜色，图案为由5个爱心组成的花瓣，代表幼儿园办学特色的"五色花"文化。

图 2-1-9　某幼儿园大二班的班标

注意：班标的版面设计应美观、简洁，突出班级的名称，选用的装饰造型应符合班级幼儿的年龄特点，并体现班级特色。

✍ 课后练习

1.幼儿园班标的特性是什么？

2.请小组成员合作收集各种幼儿园班标，在全班分享并评价。

任务二　设计幼儿园班级主题墙饰

📥 情境导入

花花幼儿园中班本月的活动主题为"马路上"。结合该主题，中五班的杨老师开展了主题为"我们一起找标志""马路上的车""我认识的交通标志""我看到的车辆""我经过的马路"等系列活动，并制作了"马路上的标志"主题墙。杨老师请家长带小朋友到马路上寻找标志，拍下照片贴到主题墙上；在班级活动中，杨老师绘制出了幼儿园周边的地图，并请小朋友画出自己家的房子，再将其贴到相应的位置上；收集生活中常见的车辆图片，并请幼儿在班级中介绍，再将照片贴到主题墙上；杨老师还把小朋友自绘的汽车、人物、标志用于装饰主题墙。图2-2-1为"马路上的标志"主题墙。

杨老师用了哪些墙饰来装饰墙面？你们见过什么样的幼儿园主题墙饰？你知道如何制作主题墙饰吗？

图2-2-1　"马路上的标志"主题墙

📖 知识准备

主题墙饰能够给予幼儿丰富的感官刺激，促进幼儿开阔眼界、增长知识。另外，主题墙饰还能为幼儿提供一个观察、探索、操作、交往、发展的平台，不仅能为教师创设与幼儿积极互动的空间，创设美好、温馨的环境，还能让家长主动参与到教育过程中。

一、幼儿园主题墙饰的种类

1.功能性墙饰

功能性墙饰包括红花榜、每日食谱、晨检栏等。家长们最先注意到的就是这类墙饰。图2-2-2为活动室门口结合门窗造型设计的艺术宣传栏。图2-2-3为晨检签到栏。图2-2-4为家园共育信息栏。

图2-2-2　活动室门口结合门窗造型设计的艺术宣传栏

图2-2-3　晨检签到栏　　　　　图2-2-4　家园共育信息栏

2.与活动主题相结合的墙饰

与班级开展的活动主题相结合的墙饰是记录幼儿活动过程和结果的载体，是幼儿与同伴、幼儿与教师之间近距离接触和交流的平台，更是主题活动得以顺利开展的媒介。图2-2-5为某幼儿园开展以树木为主题的班级墙面布置。造型逼真的大树既能让幼儿身临其境地感受大自然的美好，又美化了环境，使教室充满勃勃生机，图2-2-6为以青花瓷为主题的班级墙面布置，优美的纹理能让幼儿感受中华传统文化的美。图2-2-7为以"多彩的秋天"为主题的班级墙面布置，各类生动的动植物装饰能让幼儿了解秋天的绚丽多彩。

（a）

（b）

（c）

与活动主题相结合的墙面设计

图 2-2-5 以树木为主题的班级墙面布置

（a）

（b）

图 2-2-6 以青花瓷为主题的班级墙面布置

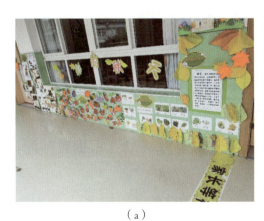

（a）

（b）

图 2-2-7 以"多彩的秋天"为主题的班级墙面布置

3.欣赏类展示墙饰

欣赏类展示墙饰主要展示的是一些画家的作品、教师自己的作品或幼儿的作品。图2-2-8为某幼儿园的幼儿绘画作品展示墙。

（a）

（b） （c）

图2-2-8　某幼儿园的幼儿绘画作品展示墙

4.游戏类墙饰

游戏类墙饰是指幼儿可以直接利用其进行游戏的装饰。例如，图2-2-9为某幼儿园的互动式墙饰，教师可以利用其带领幼儿做"喂食"游戏，即墙上有一张小猪的脸，大家可以在小猪的"嘴巴"里放入不同数量的食物（乒乓球）。接下来，幼儿根据教师的口令喂小猪"食物"。

这类游戏既锻炼了幼儿的反应能力，也可测试幼儿对数字的掌握能力。

（a）　　　　　　　　　　　　　　　　（b）

图 2-2-9　某幼儿园的互动式墙饰

5.参与类墙饰

参与类墙饰是教师布置、幼儿和家长参与制作的墙饰。图2-2-10为某幼儿园的参与类墙饰设计。幼儿和家长共同完成的作品展示是装饰的亮点之一，另外一个亮点是他们在制作过程中的照片。此类墙饰所展示的不仅是成果，还有在制作过程中亲子互动的温馨场面。图2-2-11为结合主题活动的幼儿参与设计的班级墙面。

图 2-2-10　某幼儿园的参与类墙饰设计　　　图 2-2-11　结合主题活动的幼儿参与设计的班级墙面

二、幼儿园主题墙饰的表现形式

1.平面式主题墙饰

（1）散点式主题墙饰。这种主题墙饰的形式是不规则的。可以直接在墙上绘画形象，也可以用卡纸、吹塑纸等材料，将所需单个形象描画并剪下后贴在墙面上，生动、活泼、自由。

（2）图片式主题墙饰。图片式主题墙饰多用于幼儿园大班、学前班等活动室及幼儿园礼堂、门厅、过道等空间。这种形式多为外形是规则的矩形、圆形等几何图形的画幅、照片等。其构图严谨，必须结合主题活动，因此在设计时，色彩可以鲜艳一些，造型可以略微夸张，如图2-2-12所示。

幼儿剪纸作品也可以作为墙饰，如图2-2-13所示。

图 2-2-12　图片式主题墙饰

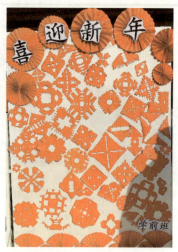

图 2-2-13　幼儿剪纸作品

2.半立体式

半立体式主题墙饰塑造的形象十分生动、真实。它是由纸或废旧物制成的，而这些材料经过处理可呈立体状，十分有层次感。图2-2-14为纸团粘贴画。

图2-2-15是利用海绵纸制作的墙饰画。

图2-2-16是利用纽扣、碎纸等材料制作的粘贴画作品展示墙。

图 2-2-14　纸团粘贴画

图 2-2-15　利用海绵制作的墙饰画

图 2-2-16　利用纽扣、碎纸等材料制作的粘贴画作品展示墙

3.立体式

立体式主题墙饰是将立体状的废旧物（如纸杯、纸盒等，经过剪切、拼接、粘贴等手段），制成动物、房子、灯笼等，并根据主题活动的需要将它们粘贴或悬挂于墙面上的形式，如图2-2-17所示。

图 2-2-17　立体式主题墙饰

4.综合式

综合式主题墙饰是将平面式、半立体式、立体式相结合制作的形式，如图2-2-18所示。

（a）　　　　　　　　　　　（b）

图 2-2-18　综合式主题墙饰

三、幼儿园主题墙饰设计的基本要素

幼儿园主题墙饰设计的基本要素主要有以下两个。

1.内容

幼儿园主题墙饰的内容一般是幼儿喜欢的，而且容易辨识的人物、动物、植物、动画形象、建筑等。

2.色彩设计

幼儿园主题墙饰在色彩设计方面，应使用鲜艳、明亮的颜色。表2-2-1为八种色相具体和抽象的象征。

表2-2-1　八种色相具体和抽象的象征

色相	具体的象征	抽象的象征
红	太阳、苹果	热情、喜庆、活力
橙	枫叶、晚霞	温暖、明朗、炽热
黄	香蕉、月亮	活泼、明快
绿	树叶、草木、森林	健康、和平
蓝	海洋、蓝天	凉爽、理性
紫	葡萄、茄子	优雅、高贵
白	白云、冰雪	纯洁、朴素
黑	头发、夜晚	寂静、严肃

🔧 创设实施

幼儿园主题墙饰的设计与制作是所有幼儿园不可缺少的常规工作。

一、平面剪贴画技法

平面剪贴画是一种在确定主题后，利用各种材料，通过裁剪、折叠、拼贴、组合等方式，形成具有层次感、立体感、视觉冲击力画面的技法。平面剪贴画大都追求抽象、概括的特点，造型时多采用夸张、变形的手法。

1.基本步骤

（1）确定主题，构思立意。

（2）勾画形状，确定色调。

（3）选择材料，剪裁并摆放。

（4）拼贴组合，调整，修饰。

2.工具和材料

平面剪贴画（图2-2-19）的制作工具一般有铅笔、剪刀等。可以使用的材料有底板材料和画面粘贴材料两大类。

图 2-2-19　平面剪贴画

（1）底板材料是指充当画面底色的材料，如吹塑纸、植绒纸等。

（2）画面粘贴材料包括彩纸、花布、皱纹纸等。

二、半立体纸雕装饰画技法

半立体纸雕装饰画是介于立体构成和平面剪贴之间的一种艺术表现形式。其具体制作技法如下。

1.构思设计

将构思设计的图案画在白纸上。

2.剪裁

按照图案形象进行裁剪。

3.粘贴

裁剪后，将其逐一粘贴。

图2-2-20为半立体纸雕装饰画——森林里。

图 2-2-20　半立体纸雕装饰画——森林里

设计时应注意以下三点：

（1）整幅墙饰的风格应统一。

（2）各种纸张质地不同且有厚薄的差异，应选择质地和厚度合适的纸张。

（3）选择恰当的表现手法。

图2-2-21为作品——好朋友。

图2-2-22为作品——伙伴。

图 2-2-21　作品——好朋友

图 2-2-22　作品——伙伴

三、玻璃粘贴装饰画技法

玻璃粘贴装饰画是幼儿园常用的装饰形式之一，其主要材料为各色玻璃贴纸、花纹贴纸。常用的工具有铅笔、剪刀、镊子和夹子等。

1.制作步骤

（1）设计草图，将定稿后的图案勾勒出轮廓线。

（2）将图案拓印在贴纸上再精心剪刻。

（3）将剪刻好的图形粘贴在玻璃上。

（4）进行细节刻画时，可以用铅笔直接描绘细线条，用小刀刻出细纹样。

2.注意事项

（1）由于玻璃和彩色贴纸具有透明光亮的特点，在设计时要注意色彩的搭配。

（2）构思时应考虑整体效果，注意搭配的完整性。

四、天然材料与废旧物品装饰技法

天然材料与废旧物品均来源于生活，取用相对方便，而且它们都是幼儿熟悉的东西，更容易被幼儿所接受。使用天然材料与废旧物品，符合幼儿园环境创设的经济效用原则。常见的天然材料与废旧物品有树叶、草、石头、各种外包装盒、包装瓶、旧轮胎、报纸、毛线、旧衣物等。

1.收集原则

天然材料在我们的生活中随处可见，如树叶、石头等，很容易收集。废旧物品是被人们使用过后当作垃圾处理的东西，如塑料瓶、易拉罐等。这些天然材料与废旧物品中有的可以作为环境布置的材料，有的还可以作为幼儿园体育活动的器材。在收集这些材料的过程中，必须遵循以下原则。

（1）安全性原则。幼儿园必须把保护幼儿的生命安全和促进幼儿的健康发展放在首位，因此幼儿活动中的安全非常重要。比如，收集瓶子时，应选择铝、铁材质且为易拉罐口，或者是塑料材质，千万不能使用存在安全隐患的瓷质或是玻璃材料。

（2）耐用性原则。收集来的天然材料与废旧物品是供幼儿进行环境布置的材料或体育活动的器材，在收集时一定要选一些质地较好、不易损坏的材料。

（3）美观性原则。废旧物品经过改造，能变废为宝，再次被利用。在收集这些材料的过程中，教师既可向幼儿传递美的观念，又能宣传环保的价值观，尽量让幼儿参与收集、制作过程，共同参与到环保活动中。

图2-2-23所示的装饰画是用废旧的鸡蛋托涂上颜料制成的。

图 2-2-23　鸡蛋托装饰画

2.设计构思

天然材料与废旧物品装饰技法在表现形式上主要有两种：一种是抽象化造型，即从具体物象中抽象出一种具有特殊美感的造型（图2-2-24），利用废旧的电线、麻绳、纸片等物品，通过巧妙构思摆出艺术造型；另一种是写实造型，较为真实地反映出人、物和事，给人带来写实的艺术美（图2-2-25），利用废旧木板组成一个个卡通人物。

图 2-2-24 废旧物品抽象化技法表现

图 2-2-25 废旧物品写实化技法表现

教师可以充分利用天然材料与废旧物品,设计富有新意、立体多样的画面,促进儿童想象力的发展,让儿童感受到美。

创设案例

创有爱环境

"创有爱环境,建有爱管理,树有爱师资,行有爱教育"是福州仓山区马榕幼儿园的办园目标,要给幼儿们的是处处都充满爱的教育环境、温馨舒适的家一般的园所、温暖亲切的妈妈一样的老师、团结友爱的兄弟姐妹般的好朋友。整体环境创设围绕"有爱"这一主题,以互动环境为切入口,探索环境与幼儿、环境与课程以及环境与家长的多元互动。

幼儿园环境包括与幼儿互动的物质环境和心理环境,既有硬件层面上的空间,也包括了时间以及环境中人与人之间的关系。该幼儿园结合主题教育,利用本土资源,创设符合幼儿年龄特点的、有爱的幼儿园环境。该园教师带领幼儿根据年龄段接触各种文化。例如,带领小班幼儿感受建新花乡文化——认识花、果、树,如图 2-2-26 所示;带领中班幼儿接触福州文化——福州三宝、福州小吃、福州软木画,如图 2-2-27 和图 2-2-28 所示;带领大班幼儿进一步感受中国文化,如青花瓷、油纸伞、中国书画等,如图 2-2-29 所示。在这样的文化氛围中,幼儿园里的每一个空间都留下了幼儿们参与创造设计的足迹,使他们能以自己特有的方式实现成长。这样的环境顺应幼儿的天性并促进情感的发展。

（a）

（b）

图 2-2-26　水果主题环境

（a）

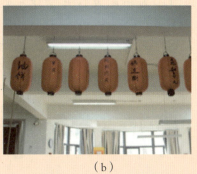
（b）

图 2-2-27　小吃主题环境

（a）

（b）

图 2-2-28　木头主题环境

（a）

（b）

图 2-2-29　青花瓷主题环境

在这里，每个楼层都有其独特的风格，每个班级都有其不同的特色。各个班级都充满着欢乐的笑声，每个空间都洋溢着爱的情怀，每个角落都蕴藏着教育的契机。这些教育环境的创设带给幼儿的是一片激发天性并使它们健康成长的广阔天地。

课后练习

1. 谈一谈常见的主题墙饰种类和主题墙饰表现形式。

2. 请以"母亲节"为主题设计并制作主题墙饰。

任务三 设计幼儿园楼道墙面

📥 情境导入

花花幼儿园正在开展以"亲近阅读，走向优秀"为主题的亲子阅读活动、为了引导家长和孩子积极参与活动、丰富绘本阅读相关知识、爱上绘本阅读，老师们根据阅览室里经典绘本，用无纺布、橡皮纸边角料以及彩色黏土等材料制作出了形式美观的绘本封面，悬挂在楼道里的墙壁上，如图2-3-1所示。

情境化人，幼儿园的楼道也"肩负着"育人的功能。在幼儿园楼道墙面设计中，如何体现楼道的育人功能呢？

图2-3-1 花花幼儿园楼道墙面装饰画

📖 知识准备

苏霍姆林斯基说过："一所好的学校连墙壁也能说话。"幼儿园活动室和周围环境，如楼道、走廊和楼梯环境，是促进幼儿发展的不可缺少的"环境"。

楼道是连接幼儿园各场地、各功能室和各楼层的通道。教师可以在墙面上适当布置一些符合幼儿认知的内容。如果幼儿园楼道足够宽敞，可以在不影响楼道功能的前提下，设计出适当的活动区域，并在楼道两边的墙面上按照区域活动的需要做出相应的布置。

一、布置方式

1.楼道挂画

楼道挂画是幼儿园墙面常见的装饰作品，可以把孩子们的作品、日常活动的照片等进行悬挂，让孩子们在欣赏的同时，也对幼儿园产生融入感。

2.手工艺品

可以选择具有传统文化特色或本土特色的手工艺品装饰楼道墙面，也可以将幼儿制作的手工艺品陈列展示。

3.留白涂鸦墙

在设计幼儿园楼道墙面时，可以留出一部分空白，作为涂鸦墙设计，满足孩子们对于自由涂鸦的欲望，如图2-3-2所示。

（a）　　　　　　　　　　　　（b）

图2-3-2　幼儿园楼道墙面

二、设计要点

在布置楼道环境时，应注意以下几个问题。

（1）楼道墙面的设计要突出教育意义，要让孩子们能够看懂，并理解其中的含义。

（2）楼道墙面的设计，要突出办园的理念及特色。比如，以传统文化为特色的幼儿园可以将中国风的各类元素融入楼道墙面设计。

（3）楼道墙面设计还要体现生动性和趣味性。在色调和内容的选择上要符合幼儿的兴趣爱好。注意不要在楼梯间的墙面上安排过于复杂的内容（如童话故事），因为这会分散幼儿在通行时的注意力，可能引发安全事故。

> **讨论：** 结合幼儿园环境创设的原则，请与同伴讨论并说一说，在布置楼道墙面时应避免出现哪些问题。

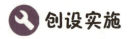 创设实施

一、楼道环境

楼道是幼儿、家长的必经之地。在楼道的布置上，特别要注意引导幼儿、家长的积极参

与，让楼道环境与幼儿、家长形成互动。

在布置楼道时，要注意与周围环境相协调，同时也要考虑让它成为幼儿活动的新天地。教师要考虑到各种安全隐患，要经常性地进行检查。选择材料时要挑没有尖角的、软的、环保的物品。

图2-3-3和图2-3-4为幼儿园楼道的设计，在设计上别具匠心。不同颜色的搭配使整个走廊看起来十分有活力。

图 2-3-3　幼儿园门厅楼道设计 1　　　　图 2-3-4　幼儿园门厅楼道设计 2

对于家长而言，走进一所好的幼儿园，他们会被里面浓浓的育人氛围所感染。幼儿园环境应符合绿化、美化、净化的要求，并且富有童趣。从设施的布置到墙饰、家长园地等的设计，都要体现以幼儿为本的思想，使用幼儿喜欢的图案、色彩、造型，让他们置身于新鲜、有趣的氛围之中。

二、楼梯环境

楼梯环境应安全与整洁。楼梯平台的两侧可以粘贴幼儿的照片，也可以贴上幼儿的绘画作品，以吸引大家驻足欣赏。图2-3-5为清洁美观的楼梯环境创设。图2-3-6为展示园所特色课程的楼梯环境创设。图2-3-7为展示幼儿活动照片的楼梯环境创设。

图 2-3-5　清洁美观的楼梯环境创设　　　图 2-3-6　展示园所特色课程的楼梯环境创设

图 2-3-7　展示幼儿活动照片的楼梯环境创设

图2-3-8为展示幼儿作品的楼梯环境创设。

（a）　　　　　　　　　　　　　　（b）

图 2-3-8　展示幼儿作品的楼梯环境创设

图2-3-9为立体种植的楼梯环境创设。

图 2-3-9　立体种植的楼梯环境创设

图2-3-10为具有图书角功能的楼梯环境创设。

图 2-3-10　具有图书角功能的楼梯环境创设

📝 课后练习

1.常见的幼儿园楼道布置方式有哪些？

2.收集优秀的幼儿园楼道墙面布置创设案例，并向全班同学介绍其特色。

单元三

创设幼儿园各学习领域的环境

学习目标

1.知识目标

能说明语言、数学、艺术领域的环境创设要求及方法。

2.能力目标

能够基于观察，尝试分析、解决学习领域环境创设中存在的实际问题，提高环境教育能力。

3.素质目标

了解学习领域环境创设对幼儿健康成长的重要价值；在环境创设过程中不断发展创新意识和批判性思维，树立完善、科学的环境创设观。

任务一　创设语言领域的环境

情境导入

在某幼儿园中，区域活动开始了，孩子们根据自己的意愿选择了各自的活动区进行游戏，但是，阅读区里却一直一个人都没有，如图 3-1-1 所示。见此情形，李教师问小朋友："哪位小朋友愿意去阅读区啊？"可是无人理睬。无奈之下，李教师又说："今天去阅读区的小朋友会得到一朵小红花。"这时，琪琪自告奋勇说："我去吧。"紧接着又有几个孩子陆续响应。

为了保证阅读区的活动秩序，李老师给小朋友们布置了阅读任务，但是在区域活动进行了一半的时候，阅读区里乱成一团，李老师跑过去一看，孩子们正在用书本打闹。看到李老师过来了，孩子们慌忙地翻书，嘴里却不停地说："真不好玩。"教师虽然进行了指导，但是孩子们的表现仍然不尽如人意。李老师很纳闷，到底要如何打造阅读区才能吸引小朋友呢？

图 3-1-1　某幼儿园阅读区环境

知识准备

幼儿期是语言能力发展的最佳时期，语言区域活动的开展对促进幼儿语言能力的发展有着潜移默化的作用。教师应通过利用和整合幼儿园有限的空间资源，结合幼儿的兴趣、需求，掌握传统语言区域和集体语言教学的精华，开发与应用幼儿园语言公共区域，充分调动幼儿参与语言学习的积极性、主动性，有效发展幼儿的语言能力。

一、幼儿园语言教育的特点

幼儿园语言教育旨在通过各种学习活动，发展幼儿的语言交际能力，提高幼儿的思维水平，满足幼儿欣赏语言美的需求。

1.应用性

幼儿是在语言运用中获得和发展语言能力的，也是通过语言的运用发展认知能力和实现社会化的。教师要注意让幼儿在一定的语言环境中发展语言的实际操作能力，让幼儿在与他人的交流过程中去听、去说、去欣赏，从而丰富他们的生活经验和生活感受。同时，幼儿通过亲身体验进行观察和思考，可以提高自身的语言运用能力。

2.综合性

幼儿学习语言的过程往往与他们认识事物的过程相联系。在幼儿园开展语言领域的教育时，需要与其他领域的教育结合起来。

3.阶段性

由于受到生理机制和认知水平的制约，幼儿语言的发展呈现出固定的发展顺序和阶段。小班和中班、大班的语言教育侧重点是不同的：小班侧重培养幼儿的正确发音，中班、大班侧重培养幼儿对于语音的控制，如学会调节声音的高低，从而使其表达更具感染力等。

二、语言领域对环境创设的基本要求

1.创设互动情境

教师应当创设有趣的、适合幼儿的交际环境，让幼儿多与教师、同伴交流，利用互动巩固幼儿获得的语言经验。

图3-1-2为会动的舞台和转转说说，创设目的是考查幼儿能够说出哪些小动物。

图 3-1-2　会动的舞台和转转说说

2.整合各领域

教师在进行环境创设时，需要为幼儿创设广阔的语言环境，以丰富幼儿的语言经验。

3.营造自由的学习氛围

教师要懂得宽容与激励幼儿，努力营造宽松自由的语言学习氛围。例如，幼儿在自由游戏或等待的时间里与同伴自由交谈，这也是幼儿学习语言的一种表现。

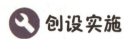 创设实施

一、创设阅读区环境

幼儿园的阅读区的环境创设要注意以下几点。

1.选择明亮安静的位置

阅读区（图3-1-3）应选择光线明亮的地方，并尽可能安排在较安静的区域。例如可以将阅读区设置在教室的角落靠窗处，一是靠窗处光线充足；二是一侧是墙壁，能形成半开放式的格局，营造一种安静、安全的氛围，还能吸引区域外的幼儿前来参与阅读活动。

图3-1-3　明亮安静的阅读区

同时，阅读区必须与表演区、建构区等区域分离开来，减少其他活动对幼儿阅读的影响和干扰。在阅读区两旁可设置科学区、生活区等相对安静的区域，便于幼儿专注地阅读。

2.布置温馨美观的环境

为了让阅读区温馨美观，我们可以从以下几点着手。

（1）铺上色泽柔和的地垫或地毯，浅蓝色、淡绿色均是良好的选择。

（2）准备几个干净、漂亮的抱枕，如可爱的动物造型抱枕、柔软的爱心抱枕。

（3）放上与教室里桌椅造型不同的可爱的小桌子和小椅子。图3-1-4为阅读区的自制小椅子。

（4）选择适合幼儿的书架，并将图书以适宜的方式呈现。

图3-1-4　阅读区的自制小椅子

探究活动

幼儿园阅读区的图书应该如何摆放？应该选择什么形式的书架？请结合见习经验，与同伴讨论一下。

二、提供丰富多样的阅读材料

教师应当选择幼儿喜爱、画面生动、内容健康有趣的读物作为幼儿的阅读材料。具体要做到以下几点。

（1）题材多样化。从生活常识到自然科学，从亲情、友情到克服困难、经历奇险，各种不同的题材都可以尝试让幼儿去接触，满足不同个性幼儿的喜好。

（2）文体多样化。儿歌、故事、散文、谜语或科幻童话等都能潜移默化地激发幼儿对文学作品的兴趣，不同的文体也更易被幼儿接受。

（3）来源多样化。图书既可以由教师提供，也可以由家长提供，还可以让幼儿自己动手制作。

图3-1-5为某幼儿园阅读区丰富的幼儿读物。图3-1-6为阅读区的传统故事材料。

图 3-1-5　某幼儿园阅读区丰富的幼儿读物　　　　图 3-1-6　阅读区的传统故事材料

三、满足不同年龄段的读物

提供的读物要适合各年龄段幼儿的特点。

（1）小班。应选择色彩鲜艳、画面突出、构图简单的图书，内容以家庭、幼儿园生活和小动物为主，情节要简单，篇幅不宜过长，大约五分钟内可以读完。

（2）中班。中班幼儿对周围事物的兴趣渐浓，教师可以选择一些描写日常生活、自然界事物以及有关人物的图书。

（3）大班。图书的篇幅可适当增加，可以选择配有简单文字且字体较大、较清晰的图书。另外，情节生动、富于想象力的和一些有关探险内容的图书也很受大班幼儿的喜爱。

图书推荐：向全班同学分别推荐适合小班、中班、大班的图书，并说明推荐理由。

四、创设语言讲述区环境

语言讲述区可以单独设置，也可以设置在图书区的旁边。设置在图书区旁边有利于充分利用环境，也有利于相关活动的开展，可利用书架将两个区域隔开，将书架的一面放置图书；另一面摆放供幼儿讲述和表演的材料，两个部分彼此相邻，构成了统一的整体。幼儿可以坐在桌边看书，也可以组织表演，或自己手绘图书，类似一个小型的语言工作室。

语言讲述的类型可分为看图讲述、情境讲述、生活经验讲述、创造性讲述。

教师需要在讲述区需要准备看图说话的图片、贴绒玩具、实物图片、录音机、碟片等材料。

图3-1-7为某幼儿园的阅读区创设，幼儿们正津津有味地阅读故事书。

如果幼儿园有条件设计一个幼儿图书室，将对幼儿提高阅读能力更有帮助。图3-1-8为幼儿园图书室，在这里，幼儿们可以寻找自己喜欢的图书阅读，教师也可以组织幼儿讲讲自己读过的故事情节，锻炼幼儿的语言能力。

图3-1-7 某幼儿园的阅读区创设

图3-1-8 幼儿园图书室

五、创设语言领域教学活动的环境

幼儿园语言领域的教学活动分为谈话活动、讲述活动、听说游戏活动。

1.谈话活动的环境创设

谈话活动是指有目的、有计划地组织幼儿围绕某个话题进行谈话的语言教育活动。

（1）创设谈话情境，确立谈话主题。

实物创设。教师可以用玩具、墙饰布置、多媒体等实物，启发幼儿对于谈话的兴趣和思路。例如，在"我最喜爱的图书"谈话活动中，教师可以自带一本绘本来引出话题，也可以在图书角陈列幼儿带来的自己喜欢的图书，以此引出话题。

故事创设。教师可以先讲一个故事，或是提出一些问题，吸引幼儿的注意力，调动他们的创设积极性，使他们适时地参与到话题中。例如，教师在讲完"三个和尚"的故事后，让幼儿思考并讨论"为什么三个和尚没水喝"。

游戏创设。教师可通过开展一些游戏或表演活动，创设出与谈话活动内容有关的情境。例如，在"角色扮演游戏"中，幼儿会扮演不同的角色，如超市营业员、银行职员、饮品店服务员等，他们说话的内容是不同的。

（2）围绕话题，自由交谈。

教师要多鼓励幼儿围绕话题进行自由交谈，鼓励他们交流个人见解。

（3）围绕中心话题，拓展交谈内容。

在幼儿运用已有经验充分地交谈后，教师要适时地将幼儿集中起来，以提问或启发的方式帮助幼儿学习新的谈话技能，使其掌握正确的谈话思路。

（4）教师适时示范新的谈话经验。

在逐步深入拓展谈话内容的基础上，教师可以适时向幼儿提供谈话范例，帮助幼儿掌握新的谈话经验。例如，在"我最喜爱的图书"谈话活动中，教师可以先说一说自己喜欢的图书，讲一讲图书的内容和喜欢的原因等，如"我喜欢这本《爱你每一天》，因为它讲述了每天的生活中宝宝带给父母的各种惊喜。每位父母都很爱自己的宝宝，为宝宝付出心血，其实，宝宝也给予了父母极大的回馈。和宝宝在一起的每一天，都充满了快乐、惊喜、成就，当然也会有疲惫、争吵等，但正是在这个过程中，父母才变得更加成熟、勇敢。"

2.讲述活动的环境创设

讲述活动侧重培养幼儿独立构思和表达的能力，它能够提高幼儿独自运用语言进行表述的能力。幼儿园讲述活动按凭借物的特点划分，可以分为看图讲述、实物讲述、生活经验讲述和情境表演讲述。例如，在有关"球"的讲述活动中，教师准备了足球、篮球、排球、网球和乒乓球，让幼儿观察、触摸，讲解自己对各种球的认识。在活动过程中，幼儿既是讲述者，也是倾听者，教师要让他们在倾听时保持安静，并且认真、专心、耐心听讲。教师先提出问题，让幼儿们带着问题去听讲，效果会更好。

3.听说游戏活动的环境创设

开展听说游戏活动的目的是培养幼儿的倾听和表述能力，即用游戏的方式来开展的语言教育活动。

在进行游戏之前，教师要帮助幼儿理解活动的内容、游戏的规则，示范游戏的玩法。例如，在"奇妙的口袋"游戏中，教师可以准备一个装有玩具的麻袋，宣布游戏规则是每次只能

从麻袋中拿出一样玩具。

准备好后，教师拿出麻袋，念儿歌："奇妙的口袋东西多，让我先来摸一摸。摸一摸，摸出看看是什么？"教师摸出小鼓，问："这是什么？"幼儿回答："小鼓。"教师敲鼓并问："老师在做什么？"幼儿回答："老师在敲鼓。"

教师继续念儿歌："奇妙的口袋东西多，小朋友都来摸一摸。"当幼儿摸出玩具后，要求幼儿说出玩具名称以及玩法。

通过这个游戏，幼儿能正确运用抱、开、摇、吹等动词，学会说出完整的短句。

阅读区"可视化"环境初探

📝 课后练习

1.谈一谈创设阅读区环境的注意事项。

2.和同学们讨论创设语言领域教学活动环境的方法。

任务二　创设数学领域环境

情境导入

　　花花幼儿园小班吴老师在教本班幼儿学习了数学"配对"以后，希望孩子们可以在活动中继续探索，于是在班级里放置了很多能够配对的材料，其中有锁和钥匙（一把锁配多把钥匙），希望孩子们可以找到正确的钥匙来开锁，如图3-2-1所示。孩子们对这个活动非常感兴趣，七手八脚地找钥匙来开锁，玩得不亦乐乎。

　　数学是一门抽象性、逻辑性很强的学科，那么，我们要如何创设适合幼儿的数学环境呢？

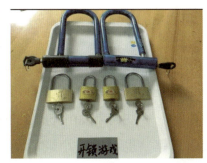

图 3-2-1　配对游戏：开锁

知识准备

数学领域的环境创设是幼儿园开展数学教育活动的重要途径。

一、数学环境创设的材料

1.材料的多样性

　　数学环境创设的材料来源较为广泛，与幼儿生活密切相关的各种物品都可以选用。材料是环境创设的物质基础，正如没有砖瓦就没有大厦，没有材料就没有环境。

　　（1）生活类材料：如游戏棒、木珠、积木、七巧板、扑克、算盘、时钟模型、棋子、计算器、算式卡片、图片等。

　　（2）废旧类物品材料：如塑料空瓶、牙膏盒、药盒、包装盒、易拉罐等。这些物品既经济又实用，幼儿特别喜欢。

　　例如，图3-2-2为不织布日历，图3-2-3为毛线壁挂时钟。教师可以将它们放置在幼儿生活中的各个区域，这样不仅能让他们周围的环境变得更加丰富、更加立体，还能让幼儿在自然、轻松的状态中提高认知能力。

图 3-2-2　不织布日历　　图 3-2-3　毛线壁挂时钟

2.材料的可操作性

在数学环境的创设中，提供给幼儿的材料不但要丰富，而且操作性要强，这样既有利于幼儿发现操作目标，又能满足幼儿不同层次的需要。一些游戏如中班的"按数取物""比大小"，大班的"加减计算"等，也可以以小组活动的形式开展，复习巩固"数的概念"等。既可以单人玩，也可以多人玩，这样丰富的、可操作性的游戏为幼儿积极有兴趣地学习数学提供了充分保障。例如，教师可以在"我长高了吗"活动中通过为幼儿测量身高，让他们掌握"厘米"和"米"的概念。图3-2-4为测量身高墙贴。

图3-2-4　测量身高墙贴

3.材料的适宜性

在进行数学环境创设的时候，既要根据数学教育内容的要求和幼儿思维发展的特点创设环境，又要体现环境中材料的投放由简单到复杂的渐进性，使每个幼儿都能在与环境的互动中真正做到自我发现、自由探索、自我发展。

例如，不同年龄段的幼儿对图形的认识是不一样的。小班幼儿能正确认识圆形、正方形和三角形，但他们不是从这些形状的特征来认识的，而是将它们和自己日常生活中熟悉的物体相对照而认识的，所以有的幼儿会把圆形说成是"太阳"，把三角形说成"小旗"等；中班幼儿能够正确认识的平面图形更多，如长方形、椭圆形、梯形、菱形等，而且能理解平面图形的基本特征（角和边的特征），并根据特征比较不同的图形；大班幼儿能够理解一种图形的典型特征，并在头脑中形成某种图形的"标准样式"，从而能够根据图形的特征进行正确判断。另外，大班幼儿还能认识一些基本的几何体，还能正确说出其名称并了解其基本特征。

二、数学区角活动

思考： 请你列举一个幼儿园数学环境创设中体现材料投放适宜性的例子。

数学区角活动是指在幼儿的活动室或其他活动场所开辟一个专门的数学学习区域,为他们提供丰富多样的数学材料和教具,幼儿可以在其中自由选择内容并进行探索,愉快地进行数学学习。图3-2-5为教具——森林运动会。

图 3-2-5　教具——森林运动会

数学区角活动的特点主要有以下几方面。

(1)教师在区角中投放丰富多样的数学材料和教具,幼儿自己选择活动内容和材料。

(2)没有具体的活动计划和要求,但是它需服从幼儿数学教育的总目标。

(3)教师以间接指导为主。幼儿主要在与材料的相互作用中进行学习,教师观察幼儿的活动,必要时可为提供语言和材料方面的帮助。

(4)幼儿个人或几人结伴在一起活动,数学区角活动是幼儿的自主活动,有助于培养幼儿对数学活动的兴趣,能满足幼儿主动探究的愿望。幼儿在轻松、愉快的环境中做一做、玩一玩,能更好地体验学习数学的乐趣。

图3-2-6为数学区学具柜。

图 3-2-6　数学区学具柜

三、数学领域的环境创设需要注意的问题

(1)可放置身高测量仪、体重秤、时钟、生日卡等与数字有关的物品。

(2)由于教具的零件较多,应善加管理,如可用矮柜隔出半开放空间,避免与其他教

具相混。

图3-2-7为按形状分类的教具。

图3-2-8为用青花瓷装饰盘创设的认识10以内数的分解组成、相邻数、倒数等概念的数学墙。

图3-2-9是教师为了让幼儿认识形状所创设的创意拼贴墙。

图 3-2-7　按形状分类的教具

图 3-2-8　青花瓷数学墙

图 3-2-9　创意拼贴墙

 创设实施

我们可以采用以下几种方法创设幼儿园数学环境。

一、创设情境法

例如，创设购买烧烤的情境，供幼儿学习"5以内的加减法"时使用，让幼儿扮演顾客，在"烧烤摊"上选购食材，一名幼儿扮演收银员并向其他幼儿提问，让他们说出食材的名称以及数量，再根据食材列出加减法算式。

图3-2-10为教师创设的幼儿园烧烤摊情境。

图 3-2-10　幼儿园烧烤摊情境

二、趣味游戏法

例如，在游戏"老狼老狼几点了"中，老师问"老狼老狼几点了？"幼儿答"一点了""两点了""七点了""天黑了"之后四散而跑，在游戏中幼儿不但体会了其中的乐趣，还学习了认识时间。

除此之外，教师还可以利用"时针、分针"游戏帮助幼儿认识时间。例如，在地上画个一大钟表，两名幼儿分别扮演分针和时针，在大钟表上跑，分针跑一圈，时针走一格，分针跑半圈，时针走半格。幼儿在玩中知道了整点和半点的关系，学会了计算整点和半点。

三、材料操作法

例如，给幼儿提供不同长度的毛线，幼儿可用毛线当测量工具去测物体的长度，也可拿毛线任意绕在几个扣子上形成三角形、长方形、圆形、梯形，还可以用毛线任意摆成数字或组成有规律的图案。

四、求异创造法

例如，在数学角，教师为幼儿准备了许多不同的几何图形。教师有意识地启发幼儿按照图形的颜色、形状、数量等不同规律进行分类。图3-2-11为按物体的不同特征分类的游戏。

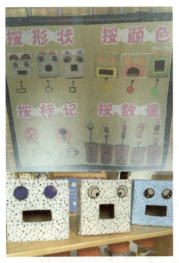

图 3-2-11　按物体的不同特征分类的游戏

📄 课后作业

1. 请列举幼儿园数学环境创设常用的材料。

2. 请以"认识钟表"为主题，思考数学环境创设方案，并谈一谈你的想法。

任务三　创设艺术领域环境

📥 情境导入

在主题活动"我是中国人"中，花花幼儿园大班的吴老师为了让本班幼儿了解祖国的传统文化，创设了一个有特色的民间艺术美工区，让孩子感受民间作品的美，并且参与民间工艺制作。她在美工区的墙上展示了幼儿制作的蜡染作品，陈列柜上摆放了京剧脸谱、青花瓷、套娃等民间艺术作品，如图3-3-1所示。美工区的桌面铺上了孩子们从家里带来的富有中国特色的蓝印花布。在布置美工区的吊饰时，孩子们自己想到在筒状的物品上面贴些剪纸作品，制作红色剪纸筒状吊灯。在这个主题活动中，孩子们通过欣赏美、制作美、呈现美的形式，让整个美工区呈现出具有中国特色的民间艺术氛围。

在艺术领域的环境创设中，我们该如何做呢？

图3-3-1　幼儿制作的青花瓷作品

📖 知识准备

教师需要提供多渠道参与的艺术教学环境，让幼儿充分感知和理解美，还可以创设生活情境来展现美。

一、美术活动区角

美术活动区角也称为美术角，是幼儿园常见的艺术活动形式，教师需要创设条件，为幼儿提供可以欣赏美术作品和进行美术创作的场所。在这个区角内，幼儿可以按照自己的意愿和兴趣来大胆地表现情感和体验，从而展示自己的才能，并享受自由表达和创作活动的乐趣，从而获得精神上的满足。

1.区角布局

美术活动比较安静，该区角的布局可以与图书区、益智区等毗邻。美术活动区角应设置在光线充足、靠近水源的地方。因为光线充足有利于幼儿观察和创作，而靠近水源则便于幼儿洗手、清洗画笔、清洁桌面和地板。

美术活动区角通常可容纳数人，因此，教师既可根据本班幼儿的需要和场所的实际情况来设计和布置，也可以根据本班幼儿对美术活动的兴趣及活动材料等情况来综合考虑。

如果幼儿园有较大的活动空间，并且对美术感兴趣的幼儿人数较多，幼儿园就可以根据幼儿的兴趣和活动的需要设置专门的绘画活动室，并将绘画活动室分隔成国画区、水粉画区、版画区等；也可以设置专门的手工活动室，并将其分隔成折纸区、粘贴区、剪纸区等；还可设置综合美术室，并将其分隔成欣赏区、绘画区、手工区等。

图3-3-2为美术活动区角。图3-3-3为专用的手工活动室。图3-3-4为某幼儿园展览室的美术作品。

图 3-3-2 美术活动区角

 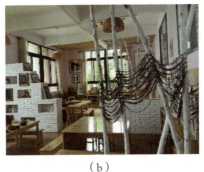

（a） （b）

图 3-3-3 专用的手工活动室

 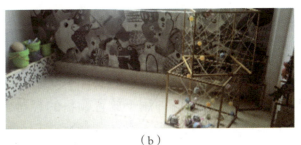

（a） （b）

图 3-3-4 某幼儿园展览室的美术作品

2.区角材料准备

教师应在美术活动区角内为幼儿提供丰富多样的工具和材料，也可以发动幼儿和家长一起收集素材。

教师为美术活动区角准备的材料分为欣赏类、绘画类和手工类三种。

（1）欣赏类。

在作品欣赏区角中，教师可以为幼儿提供工艺美术作品、少儿影视或出版物中的形象、外形美观色彩鲜艳的玩具、雕塑作品、幼儿美术作品等。这些作品应是幼儿容易理解且喜欢的，让幼儿欣赏和感受其形式美和内容美，从而丰富幼儿的美感经验，培养其审美情感和评价能力。图3-3-5为幼儿作品展示。

（a）

（b）

（c）

图3-3-5 幼儿作品展示

（2）绘画类。

绘画类材料包括各种纸张、笔、颜料、容器、画架、围护、清洁用具，以及用于绘画的其他工具和材料。

①纸张。纸张有不同的大小、类别、形状、颜色、质地，如铅画纸、宣纸、卡纸、瓦楞纸、棉纸、皱纹纸、包装纸、吹塑纸等。

需要注意的是，每次不要提供太多类别的纸，以免幼儿面对太多选择时不知所措。

②笔。包括蜡笔、油画棒、水彩笔、彩色粉笔、水粉笔、排笔、毛笔等以及各种不同长度、形状、粗细的画笔，还有彩色铅笔、油性笔、水笔等。

探究活动

谈一谈，教师在绘画活动中为幼儿选择彩色笔时需要注意哪些问题。

③颜料。其包括水彩、水粉颜料、国画颜料、墨汁等。

④容器。容器是指各种用于放置颜料的容器，如调色盘、托盘、空罐头瓶或空饮料瓶。选择容器时要注意器皿的高度必须比画笔低。如果饮料瓶瓶颈较长，可以把上半部分截去，并将剪切面打磨光滑。

⑤画架。如果有足够的条件和空间，摆放几个画架更为理想。如果条件不允许，可以在桌面上绘画。教师还可以把纸张粘贴在墙上适宜的位置，让幼儿在上面作画。

⑥围护。围护是幼儿美工尤其是绘画活动中必备的工作服。围护有两种：一种是有袖的护衣式围护，另一种则是无袖的围裙式围护。护衣式围护适合较小年龄的幼儿以及各年龄幼儿在冬季使用。教师可以为幼儿缝制专用的围护，也可以用围兜、旧衬衫、围裙等来代替。

用于绘画的其他工具和材料。包括版画的油墨、油滚，做喷洒画用的牙刷、雪糕棒、刷子、纸巾、额外的纸张与颜料，做印画的各种自制印章（玩具印章、蔬菜印章），做泡泡画用的吸管等。

清洁用具。清洁用具主要包括抹布、纸巾、水桶、扫帚、拖把等。

图3-3-6展示的是绘画类工具材料的分类摆放。

（a）　　　　　　　　　　（b）　　　　　　　　　　（c）

图 3-3-6　绘画类工具材料的分类摆放

（3）手工类。

幼儿手工活动区角是丰富多彩的，根据使用的材料和活动方式的不同，大致可以分为泥工、粘贴、纸工、制作四种活动形式。幼儿手工工具和材料的分类放置如图3-3-7所示。

（a）　　　　　　　　　　（b）

图 3-3-7　幼儿手工工具和材料的分类放置

幼儿活动使用手工的工具主要有糨糊、胶水、胶带、双面胶、订书机、儿童剪刀、竹刀、笔、泥工板等。

幼儿手工活动使用的材料主要包括点状材料、线状材料、面状材料、块状材料。

点状材料。点状材料包括沙子、小石子、珠子、纽扣、谷物、果核、种子、贝壳、牙膏盖等，这些材料可以通过穿连、拼贴、镶嵌等方法制作出线形、平面和立体作品。

图3-3-8为用谷豆做成的幼儿园沙盘。

图3-3-9为用石头做成的盆栽。

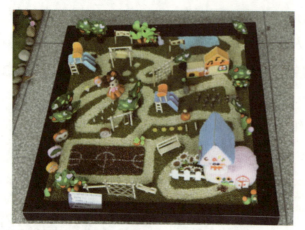

图 3-3-8　用谷豆做成的幼儿园沙盘

图 3-3-9　用石头做成的盆栽

线状材料。线状材料包括绳、棉线、毛线、火柴棒、麦秸、树枝、高粱秆等，这些材料可以通过盘绕、编织、拼贴、拼接、插接等方法来制作成线形、平面和立体作品。图3-3-10为用枯树枝和超轻黏土制作的花束。图3-3-11为用麻绳制成的相片壁挂。

图 3-3-10　用枯树枝和超轻黏土制作的花束

图 3-3-11　用麻绳制成的相片壁挂

面状材料。面状材料包括纸、布、树叶、花瓣、羽毛、刨花、塑料薄膜等。人们可以通过剪、撕、折、染、卷、粘贴、插接等方法将这些材料制成平面、立体作品。图3-3-12为布艺多功能教具。

图 3-3-12 布艺多功能教具

图3-3-13为幼儿布艺扎染作品。

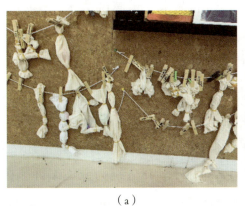
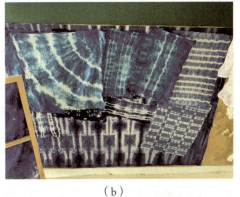

（a） （b）

图 3-3-13 幼儿布艺扎染作品

块状材料。块状材料包括泥、面团、石块、萝卜、土豆、蛋壳、瓶子、纸盒、核桃、乒乓球等，这些块状材料可以通过塑、刻、拼接、组合、穿连、剪等方法来制作立体作品。图3-3-14为幼儿制作创意积木和成品。图3-3-15为用超轻黏土制作的串串。

（a） （b）

图 3-3-14 幼儿制作创意积木和成品

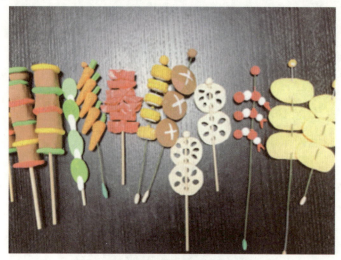

图 3-3-15　用超轻黏土制作的串串

二、音乐活动区角

音乐教育是声音的艺术、听觉的艺术，也是表演的艺术、情感的艺术。《幼儿园教育指导纲要（试行）》中所指的艺术目标包括以下三点。

（1）能初步感受并喜爱环境、生活和艺术中的美。

（2）喜欢参加艺术活动，并能大胆地表现自己的情感和体验。

（3）能用自己喜欢的方式进行艺术表现活动。

教师需要引导幼儿接触周围环境和生活中美好的人、事、物，丰富他们的情感体验和审美情趣，激发他们表现美、创造美的情趣。图3-3-16～图3-3-18分别为鼓、编钟、扬琴。

图 3-3-16　鼓

图 3-3-17　编钟

图 3-3-18　扬琴

图3-3-19是用碗面盒制成的打击乐器。

图 3-3-19　用碗面盒制成的打击乐器

在创设音乐环境时，教师要注意音乐的声音质量和乐器演奏的音色美。让幼儿用耳朵和心灵去倾听音乐、感受音乐、理解音乐，并能用美好的声音去表情达意。

三、其他艺术领域区角

除美工制作、音乐活动外，举行艺术会演、Cosplay角色扮演、也可以提高幼儿的艺术欣赏水平。图3-3-20为某幼儿园的小舞台，该舞台利用楼宇中庭创设的是幼儿日常自由表演的好去处。从制作节目单，到化妆，再到表演，幼儿们都积极独立完成，如图3-3-21和图3-3-22所示。

图 3-3-20　某幼儿园的小舞台

图3-3-23为幼儿角色扮演，制作环保服装后的走秀是幼儿喜爱的角色扮演方式。

各学习领域的环境创设可以延伸到幼儿园广阔的户外场所，充分利用非体育活动时间的户外场地创设丰富的环境，让孩子们愉快地成长。

图 3-3-21　节目单　　图 3-3-22　幼儿们在化妆　　图 3-3-23　幼儿角色扮演

🔧 创设实施

一、美术区角环境创设

创设美术活动区角环境的时候，教师应仔细考虑区角内颜色、形状、结构、线条和图案的空间安排，要突出艺术性，做到陈设简洁美观，色彩鲜明和谐，富有吸引力，并符合幼儿的审美特点，使幼儿获得美的感受，从而培养幼儿的审美感知、审美情感和审美创造等。

展示栏或作品角是美术活动区角必不可少的项目，用以展示幼儿的美术作品，能提高幼儿对美术活动的兴趣。将幼儿的美术作品平贴在展示栏或作品角里是教师常用的一种展示方式。除此之外，还可以用即时贴、彩色纸或丝带做一个大的框架，框架的形状可以是方形、心形、圆形、伞形、蘑菇形等各种形状，然后将幼儿的美术作品框起来进行展示，这样看上去更醒目、更吸引人。图3-3-24为充满创意的美劳室。

图 3-3-24　充满创意的美劳室

将部分幼儿美术作品摆在桌子上或架子上展示也是一种较好的选择。如果需要展示的作品过多，教师可以在教室高处拴一根绳子，将各种作品悬挂在上面，这样会节省活动区的空间，同时也不会影响幼儿的活动，幼儿随时可以抬头欣赏自己的作品，带给他们满足感和自豪感。图3-3-25为幼儿作品展示。

（a）

（b）

图 3-3-25　幼儿作品展示

美术活动区角可以放置各类美术作品，如绘画、雕塑、剪纸作品，还可以放置有插图的书。教师应定期更换美术区角中的作品，让幼儿了解更多的艺术作品及其风格。

二、美术区角的指导与管理

1.根据幼儿的发展时期和水平选择材料

不同幼儿的发展水平存在着差异，个体的兴趣爱好也有所不同，有的幼儿造型能力强，有的色彩感强，有的性格大胆奔放，有的心思细致。教师必须了解以上情况，为幼儿提供不同性质的材料和不同的表现方法，允许幼儿自主选择偏爱的表现方法，使幼儿实现自身的价值，丰富幼儿的知识经验，开发幼儿的创造潜能。

美术活动区角的各类材料对于幼儿来说应该是开放的，这就需要教师合理地整理、归类，便于幼儿自由取放。美术活动区角内的家具高度要适合幼儿的身高，而且放置某类材料的地方应相对集中、固定，并且各类材料均应贴上不同的标签，用图片标示，让幼儿一目了然。

2.及时组织幼儿交流感受

美术区角的活动不是放任自流的，从环境的设置、材料的提供到幼儿的活动及活动后的交流，都应在教师的计划之中。在活动后的交流中，幼儿可互相介绍自己的活动过程及作品，互相欣赏、互相学习。教师对幼儿的作品不做直接的定性评价，而是与幼儿交流，并在交流中给幼师鼓励并提出建议。只要幼儿能把自己作品要表达的意思说出来，教师就要给予肯定。

3.因势利导进行点拨

在美术区角活动中，有的幼儿因为技能方面的问题或新工具使用方法的问题，在操作中手忙脚乱；有的幼儿因为预知图式模糊，影响了图像的再现，操作时无从下手。对于那些经过尝试、探索仍然不清楚的问题，或是大多数幼儿易出现的错误，教师应及时地给予适当的帮助、点拨或示范，否则会导致幼儿盲目摸索，既浪费时间又体会不到成功的快乐，甚至失去参与活动的兴趣和信心。

为了便用课程的灵活设置，教师还可制作预约板，如图3-3-26所示。

图 3-3-26　创意美工坊预约板

"彩虹时间"——各学习领域的环境创设

体现现代儿童观、尊重儿童的幼儿教育应该是什么样的？这可以从幼儿身上寻找答案，他们开心的笑容、专注的神情、积极主动的互动……

为了探索体现现代儿童观的教育，某幼儿园的教师们从环境入手，尝试打破班级、年龄界限，创新户外环境利用模式，充分利用户外场所，和幼儿一起营造出一个"小人国"，开展了户外游戏"彩虹时间"。在户外游戏"彩虹时间"中，幼儿们没有空间束缚感，尽情地扮演，自由地嬉戏。

图3-3-27　幼儿们在挑选自己需要的材料

在游戏开始前，幼儿们需要挑选自己需要的材料，如图3-3-27所示。

大家准备从"银行"里取完钱再去买东西，如图3-3-28所示。

"饮品店"中的各种饮料好喝不贵，如图3-3-29所示。

"手工店"大促销，如图3-3-30所示。

图3-3-28　"银行"

图3-3-29　"饮品店"

图3-3-30　"手工店"大促销

累了就来"休闲小站"，如图3-3-31所示。

饿了可以品尝美食，如图3-3-32所示。

我们还送货上门，如图3-3-33所示。

图3-3-31　"休闲小站"

图3-3-32　品尝美食

图3-3-33　送货上门

想活动就来"野战营地"里对垒，如图3-3-34所示。

喜欢安静还可以发明创造，如图3-3-35所示。

结束活动后，大家需要整理工具，如图3-3-36所示。

图3-3-34 "野战营地"

图3-3-35 研制气球车

图3-3-36 整理工具

"彩虹时间"活动的举行，让幼儿熟悉了语言交流、数学、科研……幼儿积极参与其中，充分融入真实、朴素、自然的环境中，他们通过真实的表演来表达情感，并养成了团结、友爱、助人的品质，增强了感性认识，从而可以健康成长。

课后练习

1. 谈一谈创设美工区角常用的材料。

2. 收集各种艺术区角创设案例，并分享给全班同学。

单元四

创设幼儿园室内活动区环境

学习目标

1.知识目标

了解幼儿园室内活动区环境创设的内涵、价值和基本要求。

2.能力目标

能设计幼儿园室内活动区环境创设方案。

3.素质目标

加强环境共建意识，进一步树立以幼儿为中心的环境创设理念；重视良好的室内活动环境对幼儿健康成长的重要价值，拥有爱岗敬业、关爱幼儿的良好职业操守。

任务一 创设幼儿活动区环境

情境导入

　　小李刚毕业，在某幼儿园当幼儿教师。她发现自己接手的中班的孩子喜欢在衣柜里玩躲猫猫；在地毯上搭积木的幼儿，经常因为空间不足而争吵；在桌子上摆弄玩具的幼儿，经常受到横穿教室的幼儿打扰……就这样，她每天花费大量的时间维持活动的秩序，直到有一天，她发现活动室的环境布置似乎就是造成这些问题的原因。幼儿园活动室布置如图 4-1-1 所示，你能发现其中的问题吗？

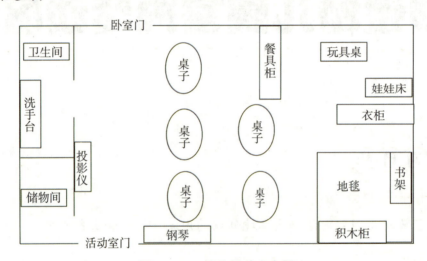

图 4-1-1 幼儿活动室布置

知识准备

一、区域活动对幼儿发展的意义

1.培养幼儿的学习兴趣和能力

　　幼儿需要的是没有压力的、可以按照自己的兴趣和需要自由选择的学习环境。因此，教师在创设活动区时，应在每个活动区放置不同的材料，为幼儿提供不同的活动机会。通过丰富多样的区域活动，幼儿能够学到各种知识，提升各种技能水平。图4-1-2为幼儿在生活操作区加工豆子。

图 4-1-2 幼儿在生活操作区加工豆子

2.挖掘幼儿的潜能

活动区能为幼儿提供适合其个性化发展的教育环境；同时，也能为幼儿提供广阔的活动空间。图4-1-3为幼儿在研究水车。

图 4-1-3 幼儿在研究水车

3.促进幼儿主动性的发展

在活动过程中，幼儿有充分的自主权，可以主动地选择自己感兴趣的区域开展活动，自己选择操作材料，操作的次数和时间也由自己决定。因此，他们能主动使用各种物品进行各种操作，开展各种活动。在独立自主的活动中，他们必须主动地感知和思考，并努力完成自己设定的目标。图4-1-4为幼儿在科学活动区布置排水管。

图 4-1-4　幼儿在科学活动区布置排水管

4.促进幼儿社会性的发展

在区域活动中，幼儿往往需要和其他人共同完成任务。通过与同伴的交往，他们逐渐学会了如何与同伴相处，如何相互帮助，如何控制自己的情绪，还学会了分享和尊重他人。

教师应对幼儿进行适当指导，满足幼儿渴望得到关注的需求。图4-1-5为幼儿布置水管的格局。

图 4-1-5　幼儿布置水管的格局

二、幼儿活动区的创设要求

1.保护幼儿活动区创设的整体性

首先，环境创设内容要全面、系统。其次，要体现出主次关系及层次性，充分开发空间潜能。凡是幼儿发展、教育目标所涉及的领域（如发展身体的、发展认知能力的、发展社会性的等）就应设有相应的环境，环境创设既要注意不同领域、不同方面内容的横向联系，又要在纵向上由简单到复杂、由易到难进行设计，从整体体现幼儿园特色。

2.不能只追求"精美"

美在幼儿园环境创设中固然很重要，但是如果盲目追求"精美"的、以装饰功能为主的环境创设，会忽视环境创设的教育性，也减少了幼儿表现自己、树立自信心的次数。

3.环境创设的内容不应长期固定不变

单一的环境创设手法会限制幼儿丰富的想象力，减少幼儿动手操作及与周围环境之间互动的次数。

探究活动

请同学们讨论，除了以上要求外，幼儿园活动区的创设还该注意哪些问题？

三、幼儿活动区的基本分类

场地较大的幼儿园，可设置宽敞的公共活动区；场地较小的幼儿园，可设置小型公共活动区。有条件的幼儿园应设置大型的公共活动区，如图书馆、科学馆、游泳馆、体育馆等，以创设更好的环境、投放更丰富的材料，为各个年龄段的幼儿提供公共活动场所。无论是在哪种类型的公共活动区，材料的放置都要注意丰富多样、分出层次（适合不同年龄阶段的幼儿），并适时增添和更换。

公共区域的分类和区域设置的注意事项可参考以下实例。

（1）可将走廊设为展示区，在其中设置各类橱窗、展示栏等，如图4-1-6所示。

（a）

（b）

（c）

图4-1-6　幼儿园走廊环境创设

（2）为杜绝安全隐患，装饰物不宜花哨，也不宜过多，色彩应简洁、明快，如图4-1-7所示。

图 4-1-7 简洁明快的活动区环境布置

（3）悬挂物的位置要根据需要摆放，不可随意悬挂，否则会造成视觉上的混乱，一般在走廊、楼梯口上方、班级活动室或各类活动室、大厅都可以悬挂。悬挂物的内容和形式应结合主题教学内容，形成整体呼应效果。图4-1-8～图4-1-10为各类班级悬吊装饰。

图 4-1-8 幼儿扎染作品制成的悬吊装饰

图 4-1-9 以重阳节为主题的悬吊装饰

图 4-1-10 以新年为主题的悬吊装饰

🔧 创设实施

幼儿生性活泼好动，因此创设良好的公共区域活动环境对于完善幼儿社会心理环境、促进幼儿身心健康发展很有意义。幼儿园的公共区域活动场地按照不同的活动功能可分为走廊、楼梯、舞蹈室等。

一、走廊环境的创设与布置

走廊是幼儿、家长必经的地方，在走廊的布置上，要特别注意让环境与幼儿"对话"。同时，教师也要引导家长参与，让走廊环境与幼儿、家长形成互动。

在布置走廊时，要注意与周围环境的协调，同时也要考虑让它成为幼儿活动的新天地。

教师还要考虑各种安全隐患，在固定吊饰时应使用安全图钉，并应经常进行检查，避免图钉松动脱落。在材料的选择上要选用软的、没有尖角的、环保的物品，要尽量避免使用可能对幼儿造成伤害的材料。图4-1-11为走廊一角，这种将柱子装扮成大树的构思十分巧妙。

走廊环境创设实例

图 4-1-11 走廊一角

二、楼梯环境的创设与布置

1.安全与清洁

楼梯宜采用原木铺设，天然的材质不但环保，而且原木具有一定的韧性，可起到缓冲作用。因此，幼儿在上面行走时感觉舒适，还有利于脚的发育。

2.促进运动和认知的发展

走楼梯能促进幼儿大肌肉群的发展，提高其动作的协调性和身体的平衡能力。楼梯平台的两侧可贴上幼儿及其家人的照片，满足其情感需要；也可悬挂布袋，在其中放入各种图书，供幼儿在休息时阅读。另外，还可以在布袋里放置各种其他物品，吸引他们去摸摸、捏捏、看看。图4-1-12和图4-1-13为楼梯环境布置。

图 4-1-12　楼梯环境布置主题：好看的颜色

图 4-1-13　楼梯环境布置主题：各种声音

三、舞蹈室环境的创设与布置

幼儿经常参加生动活泼的舞蹈活动，这可以增强他们的体质，促进其骨骼、肌肉、呼吸系统、神经系统和循环系统的发育，加快幼儿新陈代谢，使他们的机体不断生长。

舞蹈可以陶冶幼儿的性格和品德，因此，幼儿园开展良好的舞蹈教育，使幼儿在轻松、活泼、愉快的环境中通过身体动作去感受音乐，通过表情和动作来表达自己的思想感情，易使幼儿形成活泼、开朗、热情、大方的性格。因此，幼儿舞蹈也是幼儿形成良好性格的重要方式。幼儿舞蹈可培养幼儿的观察力、注意力、思维能力、记忆力。教师可用充满活力的、姿势多变的体态面对幼儿，用亲切、愉快和鼓励的目光直视幼儿，用速度、力度变化丰富且强调语义和情感的语言对幼儿说话，这些方法特别有助于幼儿迅速集中注意力。

开展幼儿园舞蹈教育活动，有利于培养幼儿对音乐舞蹈的兴趣，发展幼儿的智力，培养幼儿良好的个性品质，锻炼幼儿的想象力，培养幼儿思维和创造力，以及幼儿与人交流合作的能力。正因为舞蹈教育对幼儿的身心发展有其他教育方式无法替代的作用，所以幼儿园就更应为舞蹈活动提供场地。舞蹈室应宽敞明亮、配备相应的练习设施（如镜子、把杆等），并确保设施的安全性，以保证幼儿在舞蹈活动中的安全。

幼儿园公共活动区既是一个有准备的、丰富的、精心创设的、有序的环境，又是一个开放的、变化的、有多种探索发现机会的环境。在这里，地面、墙面、桌面被充分利用，环境布置、材料、设备等蕴含丰富的教育因素，这样的环境能使幼儿活动充分，使他们的身心得到和谐发展。图4-1-14为幼儿园舞蹈室的环境创设。

（a）　　　　　　　　　　　（b）　　　　　　　　　　　（c）

图 4-1-14　幼儿舞蹈室的环境创设

课后练习

1. 幼儿园室内活动区环境创设的价值是什么？

2. 根据幼儿活动区的环境创设要求，对幼儿园活动区的创设进行观察并提出建议。

3. 请以"我的家乡"为主题，谈一谈如何布置图 4-1-15 中的楼梯。

图 4-1-15　楼梯

任务二　创设幼儿生活区环境

情境导入

花花幼儿园中五班的孩子们近段时间午睡状况很差，这让张老师非常着急，她在想，到底是什么原因造成的呢？最后发现原来是寝室的墙饰出了问题。进入夏天之后，张老师想要给孩子们营造凉爽的氛围，便将原来暖色系的墙纸换成了蓝色。为了美观，张老师还在墙纸上贴了很多海里的生物图片，将寝室布置成了海底世界。午睡时，孩子们将注意力都放在了这个色彩缤纷的新环境上，躺在床上反而越来越精神。发现原因之后，张老师及时将五彩缤纷的海底世界换成了简单纯净的蓝天和白云（图4-2-1），于是，孩子们的午睡也恢复了正常状况。

为什么不同的装饰会对幼儿的午睡产生不同的影响？我们该如何创设幼儿生活区的各种环境呢？

图 4-2-1　某幼儿园寝室

知识准备

《幼儿园教育指导纲要（试行）》指出："幼儿园应为幼儿提供健康、丰富的生活和活动环境，满足他们多方面发展的需要，使他们在快乐的童年生活中获得有益于身心发展的经验。"幼儿在幼儿园的生活活动是否健康丰富，直接影响着幼儿的身心发展。该纲要反复强调"生活"，就是要求幼儿教育必须关注幼儿的生活，要在生活中促进幼儿发展。

一、幼儿园生活活动的内容及意义

幼儿园生活活动通常是指幼儿的入园、进餐、喝水、盥洗、如厕、睡眠、离园等环节及活动。幼儿园生活活动旨在帮助幼儿初步了解卫生知识和方法，遵循科学规律作息，养成基本的生活自理能力和良好的生活习惯，使幼儿在集体生活中能够安全、健康、轻松、愉快地成长。生活活动在幼儿园一天的活动中占有重要的地位，是幼儿教育中的重要过程。

二、幼儿园生活活动的特点

1.基本需要性

幼儿最基本的生理需要是在生活活动中学会表达和实现的，幼儿园生活活动不断提供机会和指导幼儿尝试练习，使幼儿逐步学会"自己的事情自己做"，从而不断积累生活经验，掌握生活技能。

2.规律性

幼儿园生活活动具有时间先后性和事件秩序性，如先洗手再进餐、进餐后的毛巾等物品的使用有明确的取放要求等，各环节具有一定的内在联系，从而培养幼儿的规则意识和有序行为。

3.集体性

幼儿园生活活动的大部分内容是以集体活动的形式进行的，如幼儿在同一时间进餐、午睡等，这使幼儿学会分享、协商、沟通、合作等交往技能，能感受到集体生活的乐趣，感受到师生的感情、同伴的友情。

4.安全引导性

幼儿园生活活动通常渗透安全教育，如幼儿能从正确使用物品、避开危险、简单的求救和基本自救方法中掌握一定的安全常识，体会安全生活的重要性，从而学会保护自己。

> **思考：** 结合幼儿园生活活动的特点，谈一谈我们应该怎样创设幼儿园生活活动的环境。

🔧 创设实施

一、盥洗环境

幼儿园的盥洗室是幼儿每天都要频繁出入的场所，虽然盥洗室的场地不大，但是却蕴含着多样化的教育资源。对刚刚进入集体生活的幼儿来说，在每天的盥洗过程中养成良好的生活卫生习惯是非常重要的。

1.盥洗室

每天的盥洗活动是培养幼儿爱清洁、讲卫生的重要环节。盥洗室的安排要合理，应注意以下内容：①幼儿的洗手池、毛巾架要符合幼儿的身高、体型，为了不妨碍幼儿通行，应靠墙边为宜；②水龙头的数量要满足幼儿使用，而且每个水龙头旁边应放置肥皂或洗手液，为了方便幼儿使用肥皂，教师可将大肥皂切割成小肥皂，再将小肥皂装进小网袋挂在水龙头上；③应在盥洗室地面上铺设防滑垫，水槽、台阶边缘应砌成圆角，挂物品的挂钩表面要平滑；④应在盥洗室内放置与幼儿身高相适宜的镜子，让幼儿通过照镜子来了解自己的仪容整洁情况。

例如，某幼儿园盥洗室的环境布置以富有童趣的动物形象或画面为主，既能激发幼儿对盥洗产生兴趣，又能使幼儿对盥洗的方法有形象的认识，还能帮助其明确盥洗的顺序。墙上贴有小动物洗手顺序的图片，来引导幼儿掌握洗手的方法；针对幼儿浪费水的现象，墙上贴了水龙头哭的图片，以提醒幼儿及时关水龙头，节约用水。这样的盥洗环境促进了幼儿从小养成良好的卫生习惯。图4-2-2为某幼儿园盥洗室。

（a）　　　　　　　　　　　　（b）

图 4-2-2　某幼儿园盥洗室

2.卫生间

卫生间是培养幼儿如厕能力的场所，从小培养幼儿的如厕能力，有利于培养幼儿的生活自理能力，也有益于幼儿独立性和克服困难等品质的培养。卫生间环境的布置应注意以下内容：①幼儿园卫生间的设计应充分考虑儿童的生理特点，蹲式便池（槽）旁应设有扶手、隔离板（栏），有条件的幼儿园应备有坐便器，以满足幼儿的不同需求；②卫生间应明亮洁净、空气流通，并且门应容易开启确保不会把幼儿锁在里面，让幼儿有安全感；③卫生间的布置装饰要符合幼儿的认知水平，集教育、审美、享受、轻松于一体，适当配上趣味图示，引导幼儿掌握如厕的顺序和方法，卫生间墙面装饰可采取多种形式，使用半立体装饰画或平面装饰画，可选用各种质地的纸、织布或废旧材料，④卫生间的物品摆放要有序，摆放高度

应便于幼儿自行取放。

成人卫生间应与幼儿卫生间分开设置。图4-2-3为某幼儿园卫生间。

图 4-2-3 某幼儿园卫生间

二、寝室环境

幼儿园寝室环境要注意保持空气流通，温度适宜。夏季，入睡时要打开窗户或风扇、空调，注意不让风直接吹向幼儿头部；冬季，要注意防寒，也要适当开窗通风，被褥要根据季节及气温的变化适当调整。

寝室环境的颜色是影响睡眠质量的重要因素。通常，寝室的墙面颜色宜选择明度不高的冷色，如浅绿、浅蓝等色，天花板、窗帘等也应与室内墙面色调统一，有条件的幼儿园可以根据不同的季节选择不同色彩的窗帘，如夏天的窗帘以冷色系为主，冬天的窗帘以暖色系为主，这样帮助幼儿尽快入眠。寝室装饰的图案不宜复杂，要简单、柔和，这样可以给人以安定、宁静的感觉，有稳定情绪的作用。有一些幼儿园由于条件有限，为了更好地利用空间，因地制宜，把寝室与活动室并用，即采取"教寝合一"的做法：午睡时间，在地面上铺上地垫，或放置可集中收纳的小床，按顺序摆放好，还要注意间距，便于幼儿休息和教师巡视。待午睡结束后，教师收起地垫或将小床摆放在室内角落，活动室便恢复了原有的功能。图4-2-4为某幼儿园寝室。

（a）　　　　　　　　　　（b）

图 4-2-4 某幼儿园寝室

　　活动室场地较大的班级通常会配备较为固定的寝室，室内层高较高的班级通常将寝室区域设计成小阁楼，以节约空间。放下隔离门，活动室瞬间变成寝室，如图4-2-5所示。另外，也可以将寝室设计成活动形，将床铺设计成壁橱，让活动室空间更具功能性。组合高低床如图4-2-6所示，这样可以节省活动空间。

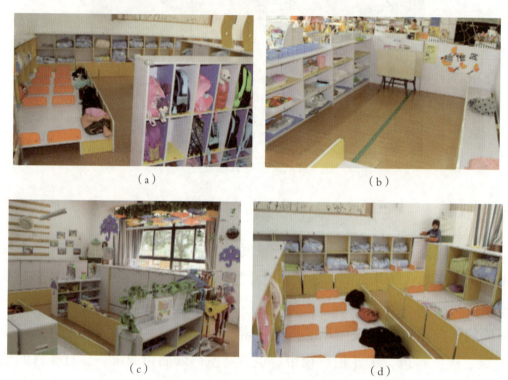

图 4-2-5　活动室变寝室的典型案例

图 4-2-6　组合高低床节省活动空间

三、进餐环境

　　幼儿园餐饮活动包括早餐、午餐、午点、晚餐和日常饮水等。进餐的环境包括物质环境和精神环境，物质环境主要指进餐的空间、设施及使用的餐具等，精神环境主要指宽松愉悦的进餐氛围，如教师要多用鼓励的目光、动作、语言来指导幼儿尝试自己用餐。

进餐环境的设计应注意以下几点。

（1）很多幼儿园的进餐环境安排在活动室内，并会将桌椅定期或不定期变换摆放方式，这会给幼儿带来新鲜感，从而增加食欲。有条件的幼儿园还可以在室内设计自选餐厅，具体操作方法是用各种动物的形象来代表不同的餐厅。例如，猫咪餐厅是慢慢用餐区，小猪餐厅是快快用餐区，大象餐厅是食量大但不一定要快的用餐区等，幼儿可根据自己当天的情况自由选择餐厅用餐。这样设计，不仅可以增加幼儿用餐的趣味性，还可以增强幼儿自我服务的意识。

（2）进餐环境的布置不仅要美观，还要能激起幼儿的食欲，以促使他们愉悦地用餐。各个年龄班所采用的布置手法各不相同。例如，小班幼儿对一切事物都很好奇，受外界因素影响较大，所以墙面的布置不宜太花哨；还有小班的幼儿恰好处于从家庭到集体生活的过渡适应阶段，易出现挑食等不良饮食习惯，所以可以尝试在墙面上呈现一些幼儿不太爱吃但是营养健康的食物卡通造型，让幼儿先从视觉上逐渐接受和喜爱这些食物。

（3）音乐能使人情绪舒缓，在幼儿就餐时，老师可播放轻松、柔和的乐曲，从而营造出和谐、安静的就餐氛围，这有助于幼儿愉快用餐。图4-2-7为幼儿正在用餐。

如何营造良好的进
餐心理环境

图4-2-7 幼儿正在用餐

可设置班级餐吧，方便幼儿自助取食，如图4-2-8所示。

（a） （b）

图4-2-8 班级餐吧

图4-2-9为温馨、干净的妈妈厨房。

（a）　　　　　　　　　　　　　　（b）

图4-2-9　温馨、干净的妈妈厨房

餐厅还可以提前预约，图4-2-10为餐厅预约栏。

图4-2-10　餐厅预约栏

餐厅和厨房还可以放在室外，图4-2-11为幼儿园户外阳光厨房。

图4-2-11　幼儿园户外阳光厨房

应特别注意，喝水是幼儿生活中非常重要的一个环节，在进餐或一天的活动过程中，要保证幼儿每天喝到足量的水。在布置进餐环境或室内相应的环境时，教师可巧妙利用各种方法来提示幼儿有序取水、喝足水。可让幼儿自带喜欢的保温瓶来园，或使用"喝水标志线""喝水标签"等，让幼儿"按需按量"喝水。图4-2-12为幼儿园饮水区环境创设设计。

（a）

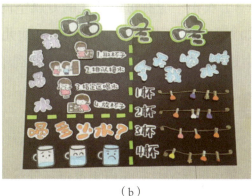
（b）

图 4-2-12　幼儿园饮水区环境创设设计

四、衣帽间

幼儿园衣帽间是幼儿入园、午睡、离园时更换衣服的场所，一般情况下会设置在每个班级的门口处，有利于幼儿动手实践，逐步提高幼儿穿脱衣服、整理个人衣物的能力。衣帽间可独立设置，或利用活动室连接处的空间来设置。衣帽间应体现人性化设计，要有幼儿个人专用衣架、鞋架、挂钩、抽屉等，便于幼儿更换、摆放、整理好自己的物品，还可以让幼儿学会遵守秩序，互相帮助。图4-2-13为某幼儿园衣帽间。

（b）

（c）

（a）

图 4-2-13　某幼儿园衣帽间

衣帽间的规划与设计应注意以下几点。

（1）衣柜、鞋架、鞋柜不宜过高，应符合各年龄段幼儿的身高，以方便幼儿取放。

（2）墙面可粘贴正确穿衣、脱衣步骤的图示，以方便幼儿自己看图学习穿脱衣服。图案形象应以幼儿喜爱的小动物或卡通造型为主；颜色应纯净明亮；装饰不宜过多，否则便会显

得杂乱。

（3）衣柜中应有每位幼儿的专属空间，以方便幼儿整理自己的衣物。最好有个性化的标识，如男女生用不同颜色区分；小班幼儿可用不同的动物或不同水果等贴纸图案作为个人标识；中班、大班幼儿可采用文字与图案结合的方式来区分。

✎ 课后练习

1. 幼儿园生活活动的内容包括哪些？

2. 谈一谈在创设幼儿园生活活动环境时应注意哪些问题。

任务三　创设幼儿游戏区环境

📥 情境导入

很多小朋友都有去理发店理发，或陪妈妈做发型、美容的体验，他们对发型师熟练的梳、剪、吹、洗等操作颇有兴趣。于是，花花幼儿园中五班的张老师准备在游戏区设置"理发店"来满足他们参与这类活动的愿望。那么，创设"理发店"需要哪些材料和道具呢，张老师想到了可以用用硬纸板或塑料垫板制作"剪刀"，用泡沫塑料或坏了的电吹风来充当"电吹风"，在纸箱底部穿两个洞，插上塑料管，装上"开关"和"喷头"来制作热水器……如图4-3-1所示。

创设"理发店"还需要哪些材料呢，你能帮张老师想一想吗？

图 4-3-1　区角游戏"理发店"环境创设

📖 知识准备

游戏是幼儿非常喜爱的活动。在游戏中，幼儿能够充分发挥自己的想象，从而获得快乐的。

一、游戏区的位置

游戏区是公共空间，应设置于活动室的中间，或通道汇集处，应与活动室相邻而非分开，以利于教学或相关活动的进行。

图4-3-2为游戏区。图4-3-3为楼宇中庭游戏区。

图 4-3-2　游戏区

（a）

（b）

图 4-3-3　楼宇中庭游戏区

二、游戏区的类型

　　游戏区的设置应能满足教学活动的需要，并支持幼儿自主学习、探索发现及交流分享等活动。室内游戏区可包括角色扮演区、益智操作区、积木区等，可以提供条件让幼儿开展角色扮演游戏、益智游戏、建构游戏。

　　图4-3-4为角色扮演区——食杂店。幼儿在这里既是"售货员"，又是"顾客"。

图 4-3-4　角色扮演区——食杂店

　　图4-3-5为益智操作区的各种穿绳板。

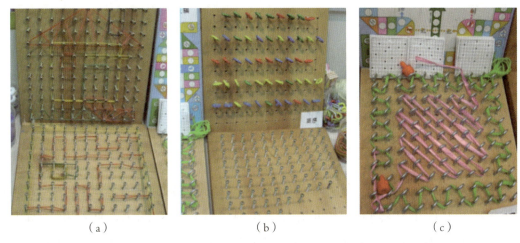

（a）　　　　　　　　　（b）　　　　　　　　　（c）

图 4-3-5　益智操作区的各种穿绳板

三、游戏区的创设要求

教师在创设与布置游戏区的时候，应根据不同的年龄班，合理利用各种材料，精心设计。可以用一些趣味化家具、低隔板、矮架子、纸箱等将游戏区与其他区分开。

游戏区的具体创设要求如下。

1.游戏区的数量

游戏区的数量应根据活动室的空间大小和幼儿人数多少来定。划分游戏区是为了活动时全班幼儿能比较均衡地分布在各区。例如，一间面积为80 m^2左右的活动室，幼儿30人左右，可以考虑设置4～6个区，每个区每次活动人数为5～7人。

2.游戏区的环境条件

游戏区的设置应考虑活动室的大小和其周围的条件，包括水源、采光、噪声等。

首先，在游戏区的墙壁和天花板上要使用具有吸音效果的材料，以免幼儿群聚游戏时产生太多的回（噪）声。其次，游戏区的墙壁若有玻璃面，需用木头格子等作为保护装置；同时，也要注意游戏区的照明器材是否损坏，以免影响幼儿正常玩游戏。

3.游戏区的界限设置

为了使游戏区更好地发挥功能，还应注意设置界限，让幼儿明确自己想做的游戏种类、游戏区域的位置、各个游戏区有哪些区别。

例如，表演游戏主要有舞蹈表演、音乐游戏、打击乐演奏、角色扮演、教具操作、故事表演、木偶皮影表演等。创设表演区域时的具体要求如下。

（1）主题明确，设计新颖。

（2）色彩明快，制作巧妙，具有可操作性。

（3）在创设环境的时候，应注意将表演区、道具摆放区加以区分，使各个区域整洁有序。

⚙ 创设实施

一、角色游戏

组织角色游戏时，教师应注意以下要求。

1.做好开展角色游戏的准备工作

（1）丰富幼儿的生活经验，充实游戏的内容。为了充实角色游戏的内容，教师应在教育过程中重视丰富幼儿的生活经验，让幼儿通过参观、散步、看图书、听故事、看电视及看幻灯片等，拓展眼界，为开展各种角色游戏打下坚实基础。幼儿在角色游戏中所反映的内容，并不是照搬现实生活，而是经过意识和情感的酝酿才在适当场合中表现出来的，是有选择性、创造性的。

（2）为幼儿提供场所、设备、玩具和游戏材料，给幼儿充足的游戏时间。场所、设备、玩具和游戏材料是幼儿进行角色游戏的物质条件，能激发幼儿游戏的兴趣，发挥幼儿的想象力。准备和提供角色游戏所需的物质条件，是教师引导游戏的重要职责。角色游戏以想象为基础，游戏中所需要的设备、玩具及游戏材料等，除少数需要形象逼真的东西外，如娃娃、塑料制的小动物等，绝大多数物品都可用其他物品替代，幼儿可以通过丰富的想象力来弥补玩具的不足。

2.指导角色游戏

（1）组织幼儿游戏。

①指导幼儿按意愿选择游戏主题。幼儿按意愿选择游戏的主题，反映了幼儿活动的有意性。教师可以利用玩具和富有情感的语言引起幼儿玩游戏的愿望，帮助他们确定主题并实现。

②指导幼儿分配角色。游戏角色的确定，可以采用"自报公议"的办法。幼儿自己报名，由参加者讨论决定。教师应重视主要角色的选拔，与幼儿一起协商分配角色，或由教师指定某幼儿分配角色，也可由教师建议，请某幼儿扮演某一角色。

③指导幼儿构思游戏情节，创设游戏环境。游戏的主题、角色确定后，教师应指导幼儿构思游戏情节、创设游戏环境。

④直接参与游戏。教师以角色身份参加游戏、指导游戏，不仅让幼儿容易接受，还可促进师生情谊，也能使游戏内容更加丰富，从而提高幼儿游戏的兴趣。另外，教师参加游戏，要根据指导的需要去扮演角色。这样，教师可以用角色身份指导幼儿玩游戏，避免将自己的主观意识强加给幼儿。

（2）指导幼儿遵守游戏规则。组织幼儿进行角色游戏，要让幼儿了解规则、遵守规则，这样扮演的角色会更加逼真，从而使游戏进入更高的水平。

（3）对幼儿进行个别教育。为了让胆小的幼儿参加游戏，教师要想方设法引导他们进入游戏。有些孩子性情急躁或过分好动，教师应针对其特点引导他们充当动作较少的角色，教师要观察幼儿在体力、知识、性格等方面的不同特点，给予个别指导和训练。总之，教师要注意及时发现幼儿自身难以解决的问题，并给予个别教育。

（4）指导游戏的结束。教师要指导幼儿在自然、愉快的状态下结束游戏。

①指导幼儿收拾和整理道具、场地，以培养幼儿的责任感和义务感。

②组织幼儿评价游戏。游戏结束后，可由教师组织幼儿一起评价和总结游戏。这样可以使游戏更好地发挥教育作用，提高幼儿的分辨能力。

总之，教师只有合理设置区域性游戏的环境、内容以及规章制度，不断提高区域性活动的质量，才能促进幼儿成长成才。同时，幼儿教师对角色游戏进行指导时，要帮助幼儿按自己的意愿开展游戏，充分发挥幼儿的积极性、主动性和创造性，使幼儿有兴致地在游戏过程中学习，更好地促进幼儿的健康发展。

图4-3-6为角色游戏区域的环境创设。

（a）

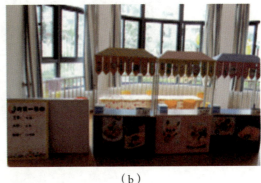
（b）

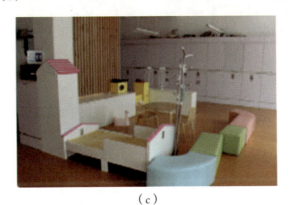
（c）

图4-3-6　角色游戏区域的环境创设

图4-3-7为角色游戏"欢乐农家"的环境创设。幼儿们置身其中，犹如进入农家小院。

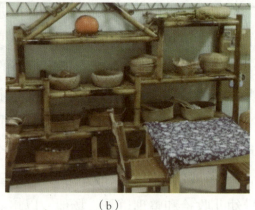

（a）　　　　　　　　　　（b）

图4-3-7　角色游戏"欢乐农家"的环境创设

图4-3-8为角色游戏"火锅店"的环境创设。

（a）　　　　　　　　　　（b）

图4-3-8　角色游戏"火锅店"的环境创设

小组活动：请小组成员共同讨论，列举常见的角色游戏的主题，并说一说该主题的游戏环境应该如何打造。

二、结构游戏

创设结构游戏区时，应注意以下几点。

1.平等和尊重

教师应以一颗童心来接纳每一个幼儿，以平等的心态与幼儿沟通，尊重幼儿的年龄特点和个性特点。幼儿能做的、能想的，让他们自己去做去想；幼儿能探索、发现并计划、安排的，让他们自己去计划安排；幼儿能选择判断的，让他们自己去选择判断；幼儿能获取的，让他们自己去获取，即让他们成为游戏的主人。在宽松的环境中，幼儿顾忌少，可以充分地想象、交流、表现，有利于幼儿自主创新能力的培养。

2.开放丰富的物质环境

（1）拓展幼儿的活动空间。室内（活动室、寝室）、室外、走廊都可以成为幼儿游戏的空间。

（2）保证幼儿拥有充足的游戏时间。

（3）提供符合幼儿年龄特点的、丰富的结构材料。

①小班：色彩鲜艳、大小适中、便于操作的材料。

②中班：种类各异、有一定难度、需一定力度操作的材料。

③大班：精细的、有难度的、创作余地更大的、组合结构的材料。

（4）广泛收集废旧物品作为辅助材料。自然物和无毒无害的废旧物品是一种未定型的建构材料，能够一物多用，它与定型的材料相比，不但经济实惠价廉物美，而且更有利于幼儿新思维和能力的培养。

（5）及时更换、补充结构材料。随着幼儿的成长，他们摆弄同样材料的次数增多之后兴趣就会降低。如果某些建构材料很少有幼儿去玩或专注地玩耍，教师就要及时更换这些材料，但是更换的频率也不能太高，以免分散幼儿的注意力。

图4-3-9为室内结构游戏区环境布置。其中，气派宏伟的"建筑"是用积木、蛋托、鞋盒和易拉罐等废旧物品搭建而成的。

（a）　　　　　　　　（b）　　　　　　　　（c）

（d）

图 4-3-9　室内结构游戏区环境布置

三、表演游戏

表演游戏是幼儿根据文艺作品中的情节、内容和角色，通过语言、表情和动作进行表现的一种游戏，是幼儿喜爱的游戏之一。幼儿的表演游戏融想象、创造于一体，对幼儿创造能力的培养与发展起着不可低估的作用。表演游戏还能锻炼幼儿的人际交往能力，促进幼儿集体观念的发展和良好个性品质的形成。为了使幼儿能更好地进行表演游戏并能在游戏中得到发展，教师应对表演游戏进行正确的指导。

图4-3-10为幼儿在舞台上表演。

图 4-3-10　幼儿在舞台上表演

创设表演游戏环境时，教师应注意以下几点。

（1）内容的选择。选择内容是表演游戏中的一个必要环节，内容是否适合幼儿的年龄、心理特点，直接影响幼儿参与游戏的积极性。凡是幼儿熟悉并喜欢的故事、童话、诗歌等儿童文学作品，以及幼儿周围生活中有趣味、有意义的人和事都是幼儿表演的基本素材。幼儿在初次接触表演游戏时，应选择角色个性鲜明、情节简单、具有趣味、动作性强、对话多次重复、语言朗朗上口等方面的儿童文学作品。在表演游戏过程中，无论是自己表演还是观看他人表演，幼儿都会情绪高涨。幼儿通过游戏体会到了合作表演的乐趣，并懂得团结起来力量大的道理。待幼儿掌握了表演游戏一定的技巧后，教师就要为幼儿选择情节复杂、篇幅稍长的作品，但必须考虑内容的趣味性、动作性和思想性等几个方面，如故事《金鸡冠的公鸡》《小蝌蚪找妈妈》《狐狸和乌龟》等作品，都比较适合幼儿表演，并深受幼儿的喜爱。因此，教师在表演游戏内容的选择上应注意以上几方面内容，引导幼儿积极参与，并使他们在游戏中获得极大的快乐和满足。

（2）环境的创设、道具的制作及使用。环境的创设是开展表演游戏的一个重要环节，教师应启发幼儿根据表演的主题和情节认真思考，共同创设有关环境，可为幼儿提供多种辅助材料，和幼儿一起商议并制作道具。道具的制作要根据情节发展的需求，不必过于精致、鲜明，以免影响游戏的开展，可以物代物，有象征性即可。随着游戏的进展，教师可随时教幼儿一些制作道具的方法。例如，教幼儿利用废旧报纸、挂历纸、塑料纸（袋），剪出并制作出简易服装、手指玩偶、头饰、帽子、拖鞋等，以便幼儿参加不同内容的表演，如时装表演、戏剧、小品等。另外，有的幼儿还会不断地将家中不用的头巾、帽子、眼镜、小拎包、玩具手枪和各种小制作整齐地摆放在活动区，使活动区的材料更加丰富，为表演游戏的开展提供了良好的条件。总之，动手、动脑及表演活动可以引发幼儿参与表演游戏的兴趣。图4-3-11为表演游戏的道具。

图 4-3-11　表演游戏的道具

（3）游戏过程的组织与指导。不同的作品其组织形式也有所不同，选择一个适合幼儿的文学作品，就要制订一个详细的实施计划，帮助幼儿熟悉、理解作品，并根据幼儿对作品内容的理解和游戏情况及时调整、修改计划，以使游戏顺利开展。根据幼儿游戏和创编情况，教师在游戏结果后应及时评价，对幼儿的优点和在游戏中的创新给予肯定，并组织幼儿进行相互评价，然后小结。另外，教师还要对不同发展水平的幼儿提出不同的要求，对他们在活动中的不足之处提出建议并和幼儿共同商议解决方法，以使幼儿在下次表演中取得进步，使他们更具有创造性。

课后练习

1. 谈一谈幼儿园游戏区的创设要求。

2. 收集游戏区创设的案例并结合相关案例谈一谈如何创设不同的游戏区环境。

单元五

创设幼儿园主题活动的环境

学习目标

1.知识目标

了解主题活动、节日庆典以及亲子活动的环境创设要求。

2.能力目标

能以小组合作的形式针对某一主题活动进行环境设计。

3.素质目标

体会幼儿园主题活动环境的内涵及多元价值,积极拓展学习的广度与深度;探索将中华优秀传统文化融入主题环境中的方法,提高民族认同感和文化自豪感。

任务一　创设从环境出发的主题活动

情境导入

　　春天到了，天气发生了明显的变化。杨老师发现最近班上的小朋友对于不同的天气现象充满了好奇心，于是决定开展以天气为主题的主题活动环境创设。结合《3～6岁儿童学习与发展指南》以及本班幼儿的实际情况，杨老师和其他两名老师共同讨论确定了主题活动的目标。几位老师通过头脑风暴的方法确定了主题网络图，然后制订班级主题环境创设的方案，并制作相关的主题墙饰、进行区角布置，还在家园共育栏中分享了与天气相关的知识，如图5-1-1所示。

　　在幼儿园中，我们要如何进行主题活动的环境创设呢？

图 5-1-1　主题墙饰——天气预报

知识准备

　　主题活动的环境创设，可以让幼儿围绕着一个主题进行自主观察并探索周围的现象，在这一过程中，教师应适时适度地给予支持和引导。

一、环境生成主题活动

　　主题活动和环境创设是密不可分的。在主题活动中，幼儿是主体，在一个能够不断参与并与之"对话"的活动环境里，课程的价值在幼儿与环境的互动中得到体现。图5-1-2～图5-1-6为木工坊及幼儿的作品。在木工坊，幼儿了解并参与到环境创设中。虽然这些作品仍有很多不尽如人意之处，但是都展现了幼儿们的非凡创意。动物凳子、木头人、坦克，这些由木头制成的作品都被幼儿们赋予了新的生命。

图 5-1-2　木工坊

图 5-1-3　幼儿作品展

图 5-1-4　鹿和凳子

图 5-1-5　木头人

图 5-1-6　木头坦克

二、主题活动的延伸和拓展要依靠环境

主题活动的开展需要某种特定环境的支持。离开了物质材料和活动空间的支持，主题活动便难以开展。

为了教育幼儿爱惜粮食，一些幼儿园创设了食育工坊，如图5-1-7～图5-1-9所示。在这里，幼儿发现食育工坊里的物品、摆设方式和自己家厨房里的很不一样，他们都很好奇这些东西的名字、用法，并且兴致勃勃地看教师演示，了解食物制作的相关知识。通过学习，幼儿们明白饭菜要经过很多工序才能制成，因此应该好好爱惜。

图 5-1-7　厨房灶台

图 5-1-8　小石磨

图 5-1-9　豆腐过滤纱布

三、主题活动的环境创设存在的问题

（1）在同一个主题下，环境创设（如活动区、主题墙）的目标不统一，内容片面。

（2）环境创设形式上注重成人的作品，忽视了幼儿的参与。

（3）环境创设缺少家长的参与。

思考： 教师在主题活动的环境创设中，要如何做才能避免发生以上问题呢？

创设实施

中班主题活动"会变的天气"环境创设案例。

一、主题活动目标

（1）有兴趣观察风、雨、云、雷等自然现象，注意它们的区别。

（2）感受天气的变化，了解天气与人们生活的关系。

（3）初步了解雨形成的过程。

（4）学会尊重别人想法，积极与教师、同伴交谈，能大胆、清楚地表达自己的感受。

二、主题活动的环境创设

1.活动区

（1）认知区：提供风、雨、云、雷的相关图片供幼儿研究和学习。如图5-1-10所示，教师准备好天气统计表，由值日幼儿填涂。

图 5-1-10　幼儿正在填涂天气统计表

（2）美工区：提供白乳胶、剪刀、蜡笔、圆形纸张、画纸、卡纸等物品供幼儿制作晴雨表。

（3）语言区：提供有关自然现象的书和图片供幼儿欣赏、讲述。

（4）表演区：提供音乐播放工具、头饰，让幼儿按照自己的意愿，跟随音乐旋律的变化表演。

（5）操作区：提供云、雨、风、雷形象的穿板、绳子，让幼儿通过操作锻炼手部的精细动作。

（6）建构区：提供积木、金属材料、泥、沙、水等，让幼儿通过想象建构自然现象中的风、雨、雷、云。

2.环境布置

（1）活动室内的环境。

在一部分墙面张贴自然现象风、云、雨、雷的图片；将另一部分墙面作为孩子的作品展览墙，以软垫作为背景，幼儿可将自己的美工作品展示在墙上，图5-1-11为幼儿制作的手工雨伞。活动室上方的空间垂吊上老师和幼儿用卡纸制作立体的风、雨、雷、云形状的作品。

（2）活动室外的墙壁。

通过照片等方式展示活动情况，家长可以及时了解自己孩子在主题活动中的参与情况，并鼓励家长协助教师开展活动。另外，还可以给一部分墙面贴上软垫，将其也作为幼儿美工作品展示区。

图 5-1-11　幼儿制作的手工雨伞

3.可利用资源

（1）幼儿园内的资源。提供活动中所需的各种美工材料、工具，为活动提供活动资金。

（2）家庭资源。请家长协助收集有关自然现象变化和形成的资料。

（3）大自然资源。大自然每天的天气都在变化，因此可利用大自然的资源让幼儿感受和探索自然现象的奥秘。

✍ 课后练习

1.为什么主题活动的延伸需要环境的支持？

2.常见的主题活动环境创设中的问题。

任务二　创设节日庆典环境

情境导入

元宵节即将到来，为了让孩子能获得对元宵节全面立体的认识，花花幼儿园中班年级组进行了节日环境创设的研讨活动，商讨了元宵节环境创设的方案及班级内区域活动材料的设计方案。各班教师分别以元宵节为主题去设计不同区域的活动并准备好活动材料。小朋友和家长共同收集、准备各种各样的花灯和灯谜，保育员根据活动进程为大家准备好制作元宵的各种材料……大家各司其职、有条不紊地准备着活动。

活动当天，孩子们手提着各式各样的灯笼来了，元宵节主题墙也展示出来了，灯笼也高高挂起了。孩子们在华灯下穿梭，眼花缭乱，沉浸在节日的欢乐中。

同学们，在创设幼儿园环境时，要如何去营造节日的氛围呢？又该如何最大限度地让孩子们参与节庆活动的环境创设呢？

知识准备

一、幼儿园节日庆典环境创设的含义

幼儿园节日庆典环境创设是指以节日文化为主线，充分利用幼儿园室内外的各个空间，通过班级主题墙、区角、海报、橱窗、展台等媒介，精心构建和安排幼儿园环境，烘托节日氛围，为幼儿提供接受各种关于节日的知识，从而加深幼儿对节日的感知、认识和理解。

二、幼儿园节日庆典环境创设的原则

1.体现文化底蕴的原则

环境布置应体现节日气氛，图案形象要选择与节日相适应的艺术形象，这样有利于儿童得到传统文化的熏陶，了解民俗风情，并在祥和、热烈的环境气氛中感受温暖与爱，增强幼儿对祖国的热爱之情。

2.科学设置的原则

根据不同年龄段，提出相应的目标要求，考虑节日教育的层次性。节日教育应该符合幼儿年龄特征和发展需要。在选择节日活动内容时，教师务必仔细考虑，以保证内容准确、真实、科学。

3.时代性的原则

选择具有文化底蕴的节日活动内容的同时，也要与科技和现代生活紧密联系。

4.评估调整的原则

教师应根据不同的季节特征、不同活动的内涵、不同活动的需要，及时对幼儿园节日环境的创设进行更新和调整。

> 思考：在幼儿园中，哪些节日可以作为节日庆典活动环境创设的内容？

🔧 创设实施

在春节、儿童节、国庆节、教师节和元旦这样特殊的节日，环境创设尤为重要，以下简要介绍春节、儿童节、国庆节的环境创设。

一、春节的环境创设

春节是中国的传统节日，也是中国人最重视的节日。进行春节环境创设时可以采用带有红色元素的装饰，如剪纸、灯笼、中国结、京剧脸谱等。制作灯笼和剪纸的方式多种多样，教师可以根据实际情况选择材料，自由组合，在教室内和过道上都可以进行装饰。图5-2-1为幼儿自制的中国结。

图 5-2-1　幼儿自制的中国结

创设案例

"新年特辑"——幼儿园主题活动环境创设

某幼儿园的教师和幼儿一起巧手装扮幼儿园，利用每周三"环保日"收集到的各种废旧材料，在环境中融入中国传统元素，突显文化底蕴，教师与幼儿奇思妙想、巧手创意，

创设了"红红火火中国年"主题环境，将幼儿园活动室内外装扮一新，红红火火的节日气息扑面而来！

剪纸、鞭炮和"福"字使大厅年味十足，如图 5-2-2 所示。

图 5-2-2　大厅的布置

门的设计也体现了中国特有的文化内涵：可爱的福娃、大红灯笼，挂着有鲤鱼装饰品的红"福"字，还有火红的中国结和龙，如图 5-2-3 所示。

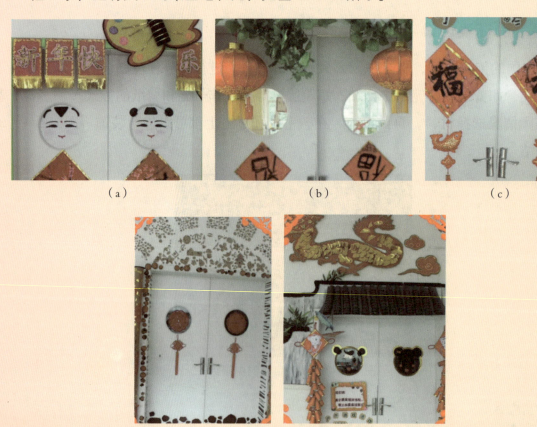

图 5-2-3　门的设计

幼儿到处充满喜庆吉祥的中国元素，如图 5-2-4 所示。

（a）　　　　　　　　　　　　　（b）

图 5-2-4　中国元素

幼儿们迫不及待地展示自己做好的剪纸，如图 5-2-5 所示。

（a）　　　　　　　　　　　　　（b）

图 5-2-5　幼儿做好的剪纸

春节是多彩的，如有雪花和雪人，如图 5-2-6 所示。

（a）　　　　　　　　　　　　　（b）

图 5-2-6　雪花和雪人

漂亮的新年树结出的是神秘的礼物，如图 5-2-7 所示。

图 5-2-7　新年树

幼儿们制作了灯笼等装饰品，如图 5-2-8 所示。

图 5-2-8　灯笼等装饰品

幼儿制作的鞭炮和对联，如图 5-2-9 和图 5-2-10 所示。

图 5-2-9　幼儿制作的鞭炮

（c）　　　　　　　　　　（d）

图 5-2-9　幼儿制作的鞭炮（续）

图 5-2-10　幼儿制作的对联

幼儿们的创意年画画出了他们眼中的春节，如图 5-2-11 所示。

（a）　　　　　　　　　　（b）

（c）　　　　　　　　　　（d）

图 5-2-11　幼儿们的创意年画

（e）　　　　　　　　　　　　　　（f）

图5-2-11　幼儿们的创意年画（续）

二、儿童节的环境创设

儿童节是幼儿最喜欢的节日，它是全世界儿童的节日。儿童节主题装饰的风格应活泼、欢快、积极。彩球、拉花、宣传标语等都能够烘托出热烈的气氛，教师可以巧妙采用。因此，幼儿园可以组织各种活动，让幼儿感受到六一儿童节的快乐。图5-2-12为儿童节户外环境创设。

图5-2-12　儿童节户外环境创设

三、国庆节的环境创设

10月1日是中华人民共和国国庆节。教师可以通过宣传"美丽的祖国""我爱北京天安门"等主题内容，让幼儿了解天安门、五星红旗等。

✍ 课后练习

1.请以"端午节"为主题，对本班教室进行环境创设。

2.谈一谈不同节庆活动环境创设的要点。

任务三　创设亲子活动环境

情境导入

花花幼儿园要在园内开展以"春季植树"为主题的亲子活动，各个班级的教师都积极行动。在活动前期，教师组织小朋友们绘制"爱护地球、保护环境"的倡议书，并让幼儿向家长宣传本次活动。教师也手绘展板、横幅展示等放在园内进行活动的宣传，让家长在接送幼儿时也可以对活动有进一步了解。活动当天，老师在园内摆放了各种卡通植物形象的展板，在种植区挂上植树的卡通步骤图示，在大屏幕上不断播放家长和幼儿开展植树活动的照片、视频等，如图 5-3-1 所示。通过老师们的努力，营造了良好的亲子活动环境，活动取得了很好的效果。

同学们，在幼儿园里，我们应该如何创设良好的亲子活动环境呢？

图 5-3-1　"春季植树"亲子活动

知识准备

亲子关系对幼儿心理发展具有重要影响，而这种影响既表现在生物性的遗传上，又表现在家长的情感态度、个性、价值取向、心理品德等因素上。

一、幼儿园亲子活动的定义及意义

幼儿园亲子活动是指由幼儿园创设一定的条件，以亲子关系为基础，以教师为主导，教师组织家长和幼儿共同参与的活动。良好的亲子活动不仅能够增强幼儿与家长之间的交流，增进家庭成员间的情感，也能让幼儿的各种能力得到发挥和提升。在幼儿园开展亲子活动时，怎样让亲子活动获得预期的效果。怎样让幼儿和家长在活动中能够亲密接触、促进情感，既是活动策划的重中之重，也是值得策划者用心揣摩和规划的事情。

图5-3-2为"亲子对对碰"环境创设。

图 5-3-2 "亲子对对碰"环境创设

小组活动：请展开小组讨论，谈一谈亲子活动的意义。

二、幼儿园亲子活动的开展

1.唤起家长的主人翁意识，激发家长的主动性及其与幼儿的互动性

幼儿园在邀请家长来园参与亲子活动时，应本着平等、尊重的原则，将家长作为合作伙伴，以幼儿作为共同的教育主体，以促进幼儿的发展为共同目标。心理学研究表明，家长的合作态度取决于合作是否满足了他们在教育幼儿方面的需要。当幼儿园满足了家长的合理需求时，家长的合作愿望和热情会更高，态度也会更积极。所以，幼儿园要开展亲子活动，就必须调动家长的积极性，让家长的热情高涨起来，还应尽量满足家长对幼儿教育的需求。在开展亲子活动时，教师要注意以下几点。

（1）教师要有强烈的责任感和角色意识，明确自己在亲子活动中承担的任务，要承担起组织者和参与者的角色。教师要有过硬的专业技能，才能得到家长的认可，使沟通和交流的渠道畅通，幼儿园才能请进更多的家长支持和参与亲子活动。

（2）在活动前，教师就要发动家长和幼儿共同设计活动的内容、形式、规则和要求，准备活动材料，布置活动场地。有些材料或道具的使用方法还需教师事先教会家长和幼儿，更重要的是教师要让每个家长明白亲子活动的目的、要求，以及使幼儿获得主动发展的方法和手段，只有这样，才能通过亲子活动来提高家长的互动性。

2.形式要多样，以幼儿为主，以家长、教师为辅

开展形式多样的亲子活动时要注意以下几点。

（1）除以家庭为单位的活动形式外，还可以设计一些大型的需要部分或全体家长和幼儿合作的活动。

（2）以幼儿为主体。教师要引导家长带领幼儿一起活动，多让幼儿发表意见，多动手，鼓励幼儿创新，充分调动幼儿的积极性和主动性。复杂的活动可以以家长为主，幼儿协助；简单的活动，应以幼儿为主，家长协助，避免家长包办代替。

（3）在幼儿园内的活动和游戏中可以渗透互动合作的游戏，让幼儿有意识地去接触和了解合作和规则的重要性。同时，通过有趣的游戏，也能提高幼儿的积极性，激发幼儿的表现欲，使幼儿在以后的亲子活动中更能开朗、自信地展示自己。

图5-3-3为亲子活动。

图 5-3-3　亲子活动

3.要注意年龄的阶段性及活动的针对性

因为幼儿的年龄不同，他们的生理和心理特征也有很大的不同，教师要根据幼儿年龄的实际情况设计出符合幼儿年龄特征的亲子活动。这样不但有利于促进幼儿身体方面的发展，而且能满足幼儿心理方面的需求。

4.在尊重和理解中做好亲子活动后的后续工作

幼儿园教师组织一次亲子活动需要花费大量的人力和物力，目的是能得到家长的理解、支持和配合，使教育发挥出最大的作用。教师希望得到家长的尊重；反之，家长也希望得到教师的尊重。

（1）亲子活动结束后，教师不要忘记征求家长的意见，总结活动中的成与败，然后张贴在家长园地栏，让家长感受到他们也是活动中的一员，有权利发表自己的意见和建议，让他们感受到参与亲子活动的意义。

（2）亲子活动结束后，教师应及时向家长发出感谢信。活动是幼儿园组织的，家长是以支持和配合的态度来参与活动的，共同的目标是教育幼儿，感谢信能让家长感到欣慰，还能调动家长参与亲子活动的积极性。

（3）亲子活动结束后，教师可以通过各种形式展示活动成果，特别是让家长随时随地看见幼儿的活动成果在各个活动区中展示。另外，还可以开展一些探讨性的延伸活动，让家长感受到幼儿在活动中确实受益，而且活动有始有终，家长也会有一种成就感。

总之，在越来越重视幼儿教育的今天，幼儿园与家长的合作是十分重要和不可或缺的，而幼儿园组织亲子活动的方式在幼儿教育发展中发挥着不可估量的作用。作为教师，如果能够策划、组织和参与这项活动是十分幸运的。我们也希望这样的活动能够更好地促进幼儿园与家长的深度合作，让幼儿的身心健康得到更好的发展！

🔧 创设实施

一、亲子游戏区

在创设亲子活动环境时可以考虑利用幼儿园的建筑边角，如利用围墙与教学综合楼的三角地带设置沙坑、水池；巧妙地利用通往上下两层器械活动区的边墙，创设融合种植功能的平衡区；用教学楼墙面创设投掷区等，这些设施为亲子游戏提供了空间。

二、家园沟通区

幼儿园可以在家园沟通区设置卡通的气象预报栏、穿衣指数栏等，让家长与幼儿每天都能及时了解与自己生活息息相关的信息。另外，教师还可以展示健康绿洲、今日食谱、科普小知识、幼儿园活动等信息。图5-3-4是某幼儿园的家园联系栏。

（a） （b）

图 5-3-4 某幼儿园的家园联系栏

三、亲子衣帽间

设置在班级门口的亲子衣帽间承载着幼儿和家长的许多温馨时刻：早晨，家长与孩子共坐于此，边教孩子整理衣裤鞋帽和小书包，边悉心叮嘱孩子，与孩子愉快地道别；傍晚，家长坐在这里认真听孩子讲述一天的见闻。

四、亲子种植区

幼儿园可以在紧贴围墙或走廊的区域设置亲子种植区，家长可以与孩子一起劳作，共同享受丰收的喜悦。图5-3-5为某幼儿园的亲子种植活动。

图 5-3-5　某幼儿园的亲子种植活动

课后练习

1. 亲子活动的意义。

2. 幼儿园可以创设哪些方面的亲子活动环境？

单元六

创设幼儿园户外空间环境

学习目标

1.知识目标

了解幼儿园大门、户外游戏区和养植角的环境创设要求及方法。

2.能力目标

能根据幼儿园户外空间环境的创设要求分析户外环境创设中存在的问题。

3.素质目标

重视户外环境的安全性，了解良好的户外空间环境对幼儿健康成长的价值，要具备严谨、细致的工作态度。

任务一　设计幼儿园大门

📥 情境导入

灯灯三岁了，马上要进入幼儿园学习。一天上午，妈妈带灯灯去要就读的幼儿园参观，提前熟悉环境。幼儿园很大很漂亮，设施设备也很完善，灯灯特别喜欢，但是妈妈对幼儿园的大门（图6-1-1）不是很满意。她发现这座大门是由两扇铁门组成的，单扇铁门打开有将近2米宽，打开后的铁门直接延伸到马路上，能把大门两边的人行道全部挡住，小朋友出门后只能先走上马路，再转弯走，才能上人行道，这存在很大的安全隐患。

同学们，你觉得灯灯妈妈的想法正确吗？你能对该幼儿园大门的设计提出改进意见吗？

图6-1-1　某幼儿园的大门

📖 知识准备

幼儿园大门是幼儿园的入口与标志，也是幼儿和家长对幼儿园的第一印象。所以，园门的样式很重要。很多幼儿都会渐渐明白：迈入这扇大门后，自己将拥有与家里不同的经历，如可以见到很多伙伴等。还有放学后，家长会在大门外接自己。园门的造型、色彩和寓意等都应与幼儿园的整体环境、建筑风格等相协调，还应符合幼儿的审美特点，这样才能引起幼儿的兴趣，让他们喜爱。

> **小组活动：** 通过网络、实地探访等途径收集不同幼儿园大门的图片，小组讨论并总结这些大门的共同特点。

🔧 创设实施

图6-1-2为某幼儿园大门示例，其色彩和造型都与幼儿园的整体环境和建筑风格十分协调。

（a）

（b）

图 6-1-2　某幼儿园的大门

设计幼儿园大门时应注意以下几点。

（1）应有适当的高度和宽度，造型宜活泼、大方，使幼儿喜欢到幼儿园学习。大门的材料可用钢铁或木材等，大门的颜色应以鲜艳、明亮的暖色为宜，并且要经常刷油漆，以保持美观，如图6-1-3所示。

图 6-1-3　色彩鲜艳、明亮的幼儿园大门

（2）应与周边整体设计相协调。当幼儿园临街或临公共绿地时，宜采用通透的铁栅栏式大门，其上可点缀小动物、花卉等，以增添童趣，并为城市街景增色；当幼儿园与其他单位或民宅毗邻时，宜采用上透下实的大门，要以隔离为主要目的，防止外界干扰。

（3）宜在门岗处设置接待室或等待空间，用来接待访客，或便于父母等待、接送幼儿。图6-1-4为某幼儿园门岗接待室。

图 6-1-4　某幼儿园门岗接待室

（4）大门的通园道路，务必与服务性通道、服务性空间（如物品和燃料搬运、垃圾处理、送餐等通道）分离。同时，也必须避免与汽车所经的道路交叉。

（5）应根据实际需要设置对讲机、门灯、门牌及邮箱。

✎ 课后练习

1. 设计幼儿园大门时需要注意哪些方面的内容？

2. 请画出你理想中的幼儿园大门。

任务二　创设幼儿园户外游戏区环境

⬇ 情境导入

　　放暑假了，花花幼儿园进行了一次户外游戏区环境的改造。幼儿园以往的户外环境以塑胶地面为主，形式单一、缺少游戏化、生活化的生态场景，无法满足孩子们多样化活动的需求。

　　如图6-2-1所示，经过改造，园区西南侧是一个相对规则长方形空间，被划分成由高到低的三块区域，这里新建了大型滑梯与树屋、桥梁、亭子，并用蜿蜒的水池串联起来。

　　园区内建筑造型形成的一块向内凹陷的区域被改造成了幼儿园沙池。当阳光直射沙池时，能防止细菌滋生；当建筑遮挡阳光时，幼儿园内的小朋友能够在沙池中玩耍，享受欢乐时光。

　　种植园的山坡下新建了两条"隧道"，这是小朋友们冒险、捉迷藏的最佳场所。

　　同学们，户外游戏区环境对幼儿的发展起到了什么作用？幼儿园应该如何创设户外游戏区的环境？

图6-2-1　幼儿园户外游戏环境

📖 知识准备

由于幼儿天生好动，创设良好的室外游戏场地对促进幼儿身心健康发展具有重要意义。

一、户外游戏区一般装置的标准及规定

1.设备高度

设备的高度不得超过6 m，其跳落高度不得超过2.5 m。图6-2-2为游戏设施。

图 6-2-2　游戏设施

2.螺栓、螺钉和定位螺钉

凡用于幼儿可触及位置的螺栓、螺钉和定位螺钉，均须为埋头、圆头、杯头或平头的。

3.设备的边缘及凸出部分

所有设备的构造应确保在任何位置均没有能够危害幼儿的尖锐或粗糙边缘，以及凸出部分。使用的木料均应抛光，还应稍将木材及金属的边缘稍加打磨，使其圆滑一些。

4.座位及滑板表面

座位或滑板表面一般不得有接缝（如长滑梯的滑槽面），如必须设置接缝，应确保光滑，不能隆起或凹缺，以免对幼儿造成伤害。

5.危险间隙

为防止手、足、头及四肢陷入设备的危险间隙，距离地面1m以上设备的任何部分不得有楔形陷阱，两构件间形成的任何小于55°角的设备均须覆盖围篱、阶梯、横木等。若间隙为11~23 cm，则存在夹伤陷幼儿头部的风险。出于对安全的考虑，围篱栏栅的间隙应小于10 cm，货物网的间隙应小于11 cm。

6.中空部分

中空部分应妥善封塞，防止水分侵入，或适当开孔通风，以利于排出任何可能进入的水分，从而使锈蚀或变质的可能性减至最低程度。开设了通风及排水孔的部分必须电镀，或采取其他防护措施。

7.静态设备下方的填料挡边的范围

对于各项设备的幼儿活动范围，在静态设备（如攀登架等）下方的填料挡边须在设备以外2 m，在动态设备的活动方向则为3 m。

8.通路

部分设备（如滑梯）应有永久性的固定通路。这种通路的形式可为攀登架、爬梯、阶梯或坡道。除坡道外，所有的脚踏面均应为水平。

9.止滑面

应在坡道、梯级上面设置耐用的止滑面。可采用的材料如下。

（1）加窄条片。

（2）加止滑条。

（3）适当打孔的金属板。

（4）肋条或企口槽金属或塑胶。

（5）表面未经磨光、油漆或打光的木材。

10.中间平台

中间平台的宽度应为通路的两倍以上，其长度不得小于1 m。若转折角度为90°，则平台的长宽都不得小于1 m。若转折角度为360°，则相邻两通路间最小距离不得小于30 cm，平台的宽度不得小于两通路的宽度及其间距之和。

11.倾斜通路

（1）阶梯的倾斜角度若为15°～45°，级高度不得小于17.5 cm，也不得大于27.5 cm；级深不得小于22.5 cm，也不得大于35 cm；供幼儿使用的设备的梯级宽度不得小于45 cm，其他设备不得小于60 cm。

（2）若爬梯的倾斜角度为60°～65°，梯级高度不得小于17.5 cm，也不得大于27.5 cm；梯级宽度在幼儿设备中不得小于28.5 cm，也不得大于51 cm；其他设备不得小于45 cm，也不得大于60 cm；级深若是开放式则不得小于7.5 cm，若是封闭式则不得小于15 cm。

（3）爬梯的倾斜角度若为65°～90°，应用带踏杆的爬梯。踏杆的间隔应为等距，且不得小于17.5 cm，也不得大于30 cm，使用后者可以阻止幼儿攀登非其使用的设备。踏杆直径不得小于1.9 cm，也不得大于3.8 cm，且踏杆爬梯不得用于坠落高度达2.5 m的设备。

12.攀登设施

无稳固支撑的活动爬梯、爬网及类似设施不得用于高于地面、平台或其他表面超过2.5 m的一般设备及超过1.8 m的幼儿设备上。图6-2-3为攀登设施。

（a）

（b）

（c）

图 6-2-3　攀登设施

13.体能装置

为将坠落的危险程度降至最低，体能装置（图6-2-4）总高度不得超过2.5 m。

图 6-2-4　体能装置

探究活动

　　除了以上活动设施外，幼儿园常见的户外游戏活动设施还有扶手、护栏等。请查阅资料，说一说在户外装置扶手、护栏等设施的标准及要求。

二、游戏场附属设施的标准及规定

游戏场的附属设施主要可分为围篱、铺面、储藏设施、给水排水装置等。

1.围篱

　　低年级幼儿游戏场的四周须建围篱，对较大幼儿而言，若游戏空间毗连，则具危险性，如在水池、繁忙的街道旁也应建围篱。

　　围篱高度至少为1.2 m，可以在门上配锁，使幼儿不能自行打开。围篱可以用钢丝网或木材等材料构筑。

2.铺面

　　游戏场上的开放空间中最需要的植被是绿草，草地应均匀分布于该区域，应在其下铺设厚度为20～30 cm的肥土，比便于草地的生长，还应安装自动洒水系统，以降低维护草皮的工作量。

　　用各种材料铺设的地面极富有美感，又别具匠心，如图6-2-5所示。

图 6-2-5　用各种材料铺设的地面

　　在所有移动、攀爬设备的跳落区内，皆须覆以高度弹性材料或松填料，如沙、树皮、碎轮胎、松皮碎片、水泥沙或泥土与稻草的混合物。由于这些材料易散失，须设置护壁。护壁最好选择透水性能好的沙，其颗粒以圆形为宜，直径不得大于0.3 cm，沙坑深度最少应有30 cm，并定期重铺，以确保区域内有良好的铺面，如图6-2-6所示。

图 6-2-6　某幼儿园的户外环境创设

可以在有些特定区域保留沙水园和沙土区，如图6-2-7和图6-2-8所示。

图 6-2-7　沙水园

图 6-2-8　沙土区

图6-2-9为幼儿们正在挖沙土。

图 6-2-9　幼儿们正在挖沙土

3.储藏设施

储藏设施有许多类型，如储藏棚、板条箱和储藏柜等，可根据实际需要选择储藏设施。

储藏设施须直接放置于室外。一般情况下，游戏场的特定区域，都应配备相应的储藏设施。例如，沙和水游戏设备靠近沙和水区，建构器材和木工工具靠近建构区，园艺工具应靠近农场区，美劳用品靠近美劳区等。图6-2-10为储物架。

图 6-2-10　储物架

4.给水排水装置

在理论上，游戏庭院应远远地设置在建筑物之外，水沟应临近建筑物，以便将水排离游戏区，而陡峭、倾斜区域应有足够的植物，以预防冲蚀。

固定的设备不要设置于低洼区，因为频繁踩踏将加重地面的凹陷，并形成由水和泥土组成的凹坑。

饮水器和水龙头应设置于建筑物或围篱附近，但要远离通道和活动游戏区。

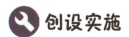 **创设实施**

一、秋千

秋千是幼儿园中较为常见的设施，其放置标准如下。

1.秋千间距

支架与秋千的最小间距应为40 cm。秋千与秋千的最小间距应为60 cm。

2.秋千座位

（1）秋千座位或坐立两用的踏板，其表面须防滑。座位或踏板的上面应距离地面45.5～63.5 cm，若为鞍式则不得超过48.5 cm；座位或踏板的下面与地面的距离在载重并静止时不得小于35 cm。

（2）秋千的每一个座位或踏板仅可供幼儿一人使用，其可坐面积不可过小。为减少撞击对幼儿造成的伤害，秋千座位应使用吸收冲击性的材料，还应尽量将边角处做成圆角。

3.数量

秋千座位应不多于两个。秋千座位上的链条，其链孔的直径不得大于0.8 cm，以免夹伤儿童的手指。

秋千的跳落区应为弹性地面，弹性面层的厚度依秋千高度而定。图6-2-11为形状各异的秋千。

图 6-2-11　形状各异的秋千

二、滑梯

滑梯（图6-2-12）是幼儿们非常喜欢的设施。但是，幼儿们在玩滑梯的过程中如果不注意安全，很可能会出现意外。

滑梯由攀登段、平台段和下滑段组成，一般采用木材、不锈钢、人造水磨石、玻璃纤维及增强塑料等材料，保证滑板表面光滑。滑梯的规格要遵循人体工程学原理，与幼儿的身高、年龄和体型相契合。一般在设计时，滑梯的攀登梯架倾角为70°左右，宽40 cm，梯板高6 cm，双侧设扶手栏杆。滑板倾角在30°～35°，宽40 cm，两侧边缘高18 cm，便于儿童双脚制动。另外，成品滑板和自制滑梯都应在梯下部铺设厚度不小于3 cm的胶垫，或厚度在40 cm以上的沙土，防止幼儿坠落时受伤。

（a）

（b）

图 6-2-12　滑梯

三、跷跷板

跷跷板适宜设置于学步儿童和学前儿童的游戏场，如图6-2-13所示。

图 6-2-13　跷跷板

（1）跷跷板未载重并在静止状态时，每个座位均需保证水平，其上面与邻接地面的高度不得超过1 m，运动极限的最大倾斜角度不得大于30°。

（2）当座位部分移动时，离地面的高度不得超过1.8 m；在每个座位均应设置一个握把，其手握处直径不得小于1.3 cm，也不得大于3.8 cm；高于水平座上面的距离不得小于10 cm。

（3）应确保跷跷板的轮轴装置不会压到手指或身体其他部位，跷跷板底盘弹簧的机械装置应封闭。

四、其他设施

（1）游戏设施中应有许多种上下的方式并能流畅连接，让幼儿可在上下之间自由选择。所有游戏设备，包括混合结构设备和游戏屋，至少应设两个出口（游戏屋的窗口如果足以让一名幼儿爬过，则可视为出口）。

（2）最好在游戏设施中设置遮阴设施，尤其是沙坑，这样，即使幼儿使用的时间过长，也可防止其中暑。

（3）游戏场设施中用途最多的是轮胎，可用在秋千、隧道、攀爬架、沙箱等之中。图6-2-14为幼儿园户外器械区。

（a）

（b）

图 6-2-14　幼儿园户外器械区

"安吉游戏"户外环境打造举例——沙池中的梅花桩迷宫

创设案例

具有特色的幼儿园活动区域环境创设

教育回归真实生活，孩子回归自然环境。《3～6岁儿童学习与发展指南》中强调了健康教育对于幼儿的重要性，认为幼儿阶段是儿童身心发展迅速且十分重要的时期。健康教育能够增强幼儿体质，使其保持心情愉快，养成良好的生活习惯和基本的生活能力，并为他们在其他领域的深入学习和发展奠定了基础。某幼儿园充分利用特有的自然资源并结合自制的各种大型游戏器械开展了丰富多彩的户外活动。该幼儿园为每个班级划分了不同的区域，也安排了很多活动，从而激发了幼儿参与活动的兴趣。

1. 小班开展自主游戏

（1）弯弯曲曲的路。运用建构材料拼贴出各种路的简单造型。这项活动可以培养幼儿对身边事物的感受力，发挥他们的想象力，如图6-2-15所示。

图6-2-15 游戏"弯弯曲曲的路"

（2）涂鸦乐。幼儿们在地板上自主涂鸦，学习抓握排笔的方法，这可以激发他们对画画的兴趣，如图6-2-16所示。

（a）　　　　　　　　　　（b）

图6-2-16 涂鸦乐

（3）捡豆豆。幼儿在草地里捡豆豆可以锻炼手指的协调性，并学会与小伙伴合作，还能从中感受到快乐，如图6-2-17所示。

（a）　　　　　　　　　　（b）

图6-2-17　捡豆豆

2. 中班游戏

（1）拔小旗（图6-2-18）。进行分组比赛可以培养幼儿积极进取的精神和集体精神。

图6-2-18　拔小旗

（2）小熊生日派对（图6-2-19）。小熊妈妈为小熊安排了生日派对，她准备了很多好吃的，欢迎小动物们来做客。

（a）　　　　　　　　　　（b）

图6-2-19　小熊生日派对

（3）沙水游戏（图6-2-20）。幼儿们在游戏中自主选择材料，享受沙水带来的无穷乐趣。

（a）　　　　　　　　　（b）

图6-2-20　沙水游戏

3. 大班游戏

（1）勇于攀登（图6-2-21）。大班的幼儿充分运用梯子、轮胎、呼啦圈、大地垫等物品，搭建障碍，挑战自我。

（a）　　　　　　　　　（b）

图6-2-21　勇于攀登

（2）拓展训练。天罗地网、荡桥考验幼儿的胆量、勇气，如图6-2-22所示。

（a）　　　　　　　　　（b）

图6-2-22　天罗地网和荡桥

户外活动凭借其特有的教育形式成为幼儿们每天活动的重要部分,其通过走、跑、跳、蹲、钻、爬等练习,充分锻炼幼儿的运动系统、呼吸系统,增强幼儿的灵活性和协调性,培养幼儿的社会交往能力、认知能力,让幼儿充分体验到合作、自信的重要性,彰显了幼儿园的办园特色。

✍ 课后练习

1. 谈一谈幼儿园户外常见的游戏设施设备都有哪些。
2. 谈一谈幼儿园对于秋千、滑梯及跷跷板等游戏设施的标准。

任务三　创设幼儿园养植角环境

情境导入

花花幼儿园中二班的小朋友在新的学期分到了一块属于自己班级的养植角（图6-3-1），孩子们异常兴奋，对种植活动充满了期待。看到孩子们对种植的热情，班主任李老师也制订了详细的种植计划，和小朋友一起创设种植环境。首先，李老师带领孩子们观察了自己的养植角，清理了里面的石子和杂草；其次，大家集体讨论了应该在养植角里种什么植物，孩子们七嘴八舌地说了很多，最后选择了符合本季节播种的萝卜；最后，大家收集了种子、种植工具、肥料等，开展了种植活动。为了提高孩子们的责任心，李老师带着大家制作了责任管理牌，并请每位小朋友认领了自己的萝卜。

孩子们在养植活动中感知、探索、实践，不断开阔视野、增长知识，也体会到了劳动与收获的乐趣。作为教师，你应该如何创设幼儿园养植角环境，为孩子的成长提供助力呢？

图6-3-1　幼儿园养植角

知识准备

一、幼儿园养植角环境的重要性

幼儿园环境中的绿化设计至关重要，而较为突出的就是养植角的创设。《幼儿园工作规程》明确指出："幼儿园应当有与其规模相适应的户外活动场地，配合必要的游戏和体育活动设施，创造条件开辟沙地、水池、种植园地等，并根据幼儿活动的需要绿化、美化园地。"创设幼儿园养植角的环境能使园区生机盎然，并起到净化、美化、保护和改善环境的作用，进而促进幼儿身心的健康发展。

二、幼儿园养植角环境创设的注意事项

（1）幼儿园养植角的植物要选择无毒、无刺、无污染、无刺激性异味、对人体健康无损害的花草树木。植物的选择一定要考虑是否安全可靠，是否会对幼儿产生不良影响。例如，对于夹竹桃、仙人球等可能引起过敏反应的物种，不要在幼儿园里种植，以免导致不良后果。图6-3-2为养植角中的植物挂牌。幼儿可以通过挂牌了解植物的名字、属性、产地和用途。

图6-3-2 养植角中的植物挂牌

（2）植被应富于季节变化、呈现自然生态。可以根据春、夏、秋、冬不同季节选择不同的植物让幼儿感受自然的美好。

（3）养植角的创设要多采用幼儿喜欢的元素。不妨在设计时多"投其所好"，鲜艳的色彩、鲜明的主题和生动的形象都是幼儿所喜爱的，力求形式活泼、灵活多变，造型与色彩相映成趣。

（4）要留有充足的空间。幼儿园是人员聚集或分散较频繁的地方，因此也要在幼儿园养植角中预留出一定的集散活动空间，还要将活动、休息、娱乐和体育运动等场所进行合理区分。

探究活动

请与同伴讨论，教师在养植角准备的种植工具及种植的植物有什么特殊要求？

🔧 创设实施

一、进行合理的绿化设计

幼儿园养植角的创设，应在充分参考专业人士的意见和建议的基础上，结合实际情况，做好全园绿化规划方案，并注意把绿化工作与保教活动紧密结合。

1.利用绿化带防尘降噪

在幼儿园围墙或篱笆外围，可种植成行乔木或灌木，以形成一个防尘、防噪的绿化带，使幼儿园环境安静、空气新鲜。比较好的隔声树种有珊瑚树、龙柏、柳松、樟树、女贞等。

2.利用绿化保障安全

在放置运动器具的公共场所铺设有一定面积的草坪，能起到防尘减尘的作用，在减少飞尘对人体健康影响的同时，也可降低幼儿在奔跑、追逐或攀爬等活动中受伤的概率。图6-3-3为养植园一角。

图6-3-3　养植园一角

3.利用绿化遮阳防晒

在不妨碍幼儿活动的位置种植几棵大树来遮阳，让幼儿在炎热的夏季可以到树荫下活动。

4.利用绿化划分园区

幼儿园建筑主体（一个或多个）与园中各处共同构成全园环境的整体，但全园环境也要相对分区。利用平面绿化或垂直绿化进行园区分隔，使全园环境整体与局部相互映衬。例如，想在园内进行场地分区但又想保持视线通透，可适当种植花色丰富的低矮灌木、绿篱做隔离，用各色植物搭配形成红黄绿等彩色墙，美观而实用。若绿化隔离带靠近活动室，则要使植物低于窗户，以免影响活动室内的通风和采光。

二、做好定期的绿化维护和装饰

花草树木需要精心的呵护，绿化工作也需要规范管理。幼儿园除安排专职的绿化管理员定期维护园内植物外，教师也要注意结合教育主题来适当开展家长、教师、幼儿共同进行的"保护绿色行动"。鼓励幼儿们参与园内花草树木的整修、施肥、浇水、松土、锄草等，通过活动了解植物、走进花草树木，感受生命的力量、自然的神奇，树立热爱自然、保护自然的信念。

图6-3-4为植物角和肉桂园。

（a）　　　　　　　　　　　（b）

图 6-3-4　植物角和肉桂园

图6-3-5为某幼儿园的种植园——百草园。在这里，每种植物都有自己的"名牌"，上面写着植物的名称和相关介绍。幼儿们在教师的带领下，既亲近了大自然，又学到了很多知识。

图6-3-6为教师向幼儿介绍种植植物的工具，让幼儿了解种植的方法。

图 6-3-5　百草园　　　　　　图 6-3-6　教师向幼儿介绍种植植物的工具

幼儿观察并种植多肉植物如图6-3-7所示。

（a）　　　　　　　　　　　　　（b）

图 6-3-7　幼儿观察并种植多肉植物

图6-3-8为教师带领幼儿观察植物。

除了观察喜爱的植物外，收获果实也是幼儿们喜爱的活动之一，如图6-3-9所示。

图 6-3-8　教师带领幼儿观察植物　　　　图 6-3-9　收获果实

幼儿们投身自然，不仅收获了知识，还参与了劳动，体会到了劳动的快乐。

创设案例

小茶人

在武夷山，茶道是一种文化风俗，是一个个家族代代相传的规矩，也是教育子女的传统方式。弘扬茶文化是一项长期工程，要从"娃娃"抓起，为传承武夷茶文化，使茶文化融于生活礼仪，并提炼成为具有武夷特色的家庭文化的一部分，武夷山市举办"小茶人"评选活动。幼儿们与家长论茶、品茶，一起参加茶艺表演，从小爱茶、懂茶，进而修身养性、陶冶情操。幼儿们在茶园里见到了茶叶，认识了茶叶的形状和色泽，还帮忙采茶，如图6-3-10所示。

（a）　　　　　　　　（b）

（c）　　　　　　　　（d）

图 6-3-10　幼儿们在茶园里

幼儿们学习沏茶如图 6-3-11 所示。

（a）　　　　　　　（b）　　　　　　　（c）

图 6-3-11　幼儿们学习沏茶

茶道在我国历史悠久。幼儿们学习茶道如图 6-3-12 所示。

图 6-3-12　幼儿们学习茶道

对于学校举办的斗茶大赛,幼儿们积极参与,在品茶时更是跃跃欲试,如图6-3-13所示。

（a）

（b）

（c）

图6-3-13　斗茶大赛

✍ 课后练习

1.谈一谈幼儿园养植角环境的特点。

2.谈一谈如何创设幼儿园养植角环境。

参 考 文 献

［1］李全华．幼儿园环境创设［M］．2版．杭州：浙江大学出版社，2012．

［2］杨彦．幼儿园环境创设［M］．北京：北京师范大学出版社，2014．

［3］汤志民．幼儿园环境创设指导与实例［M］．上海：华东师范大学出版社，2013．

［4］王微丽．幼儿园区域活动——环境创设与活动设计方法（万千教育）［M］．北京：中国轻工业出版社，2014．

［5］吴丽珍．幼儿园主题环境创设与活动方案［M］．福州：福建教育出版社，2015．

［6］沈建洲．幼儿园教育环境创设［M］．上海：复旦大学出版社，2014．

［7］基础教育教学研究课题组．幼儿园教育环境创设指导［M］．北京：高等教育出版社，2014．

［8］蔡秀萍．幼儿园探究式环境创设［M］．北京：北京师范大学出版社，2013．